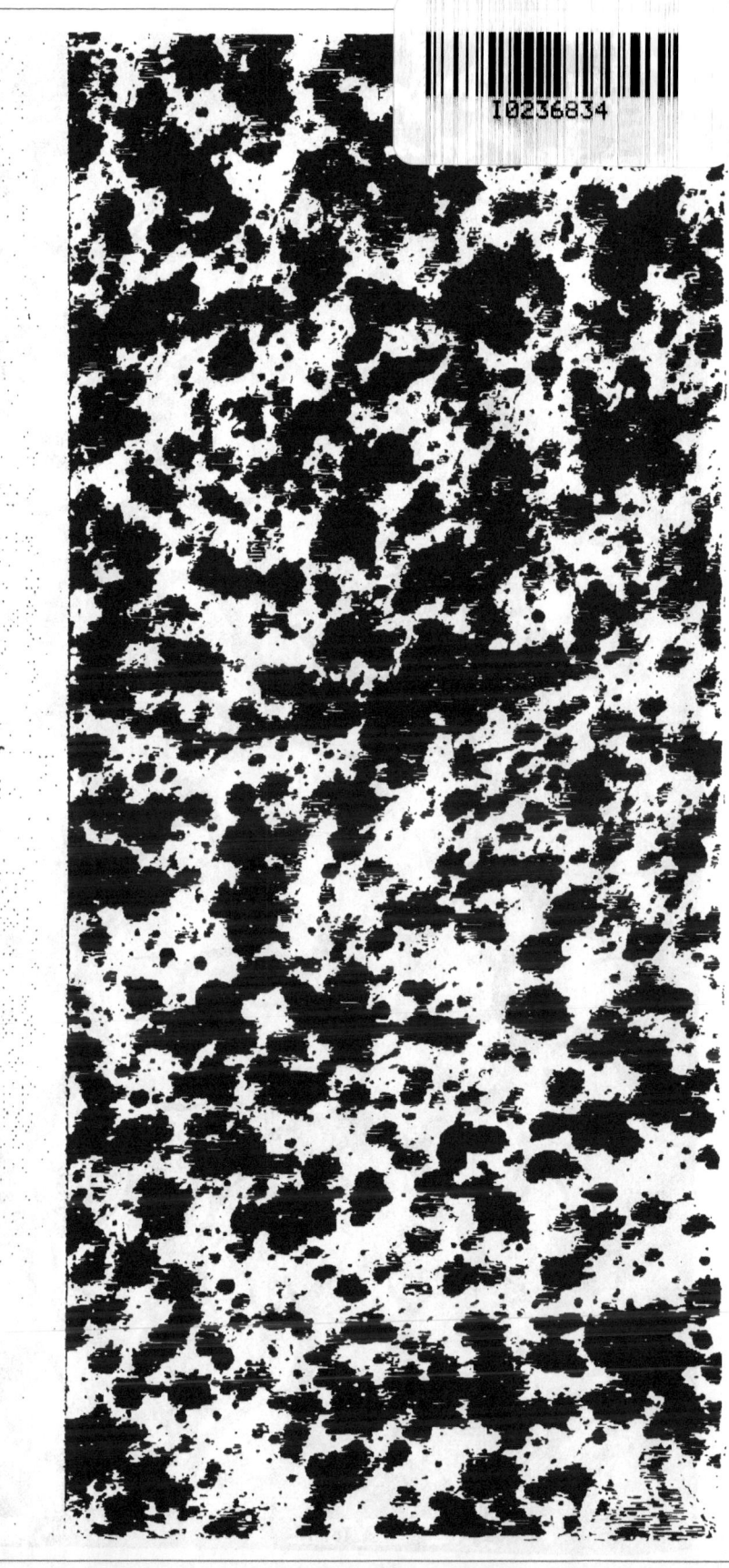

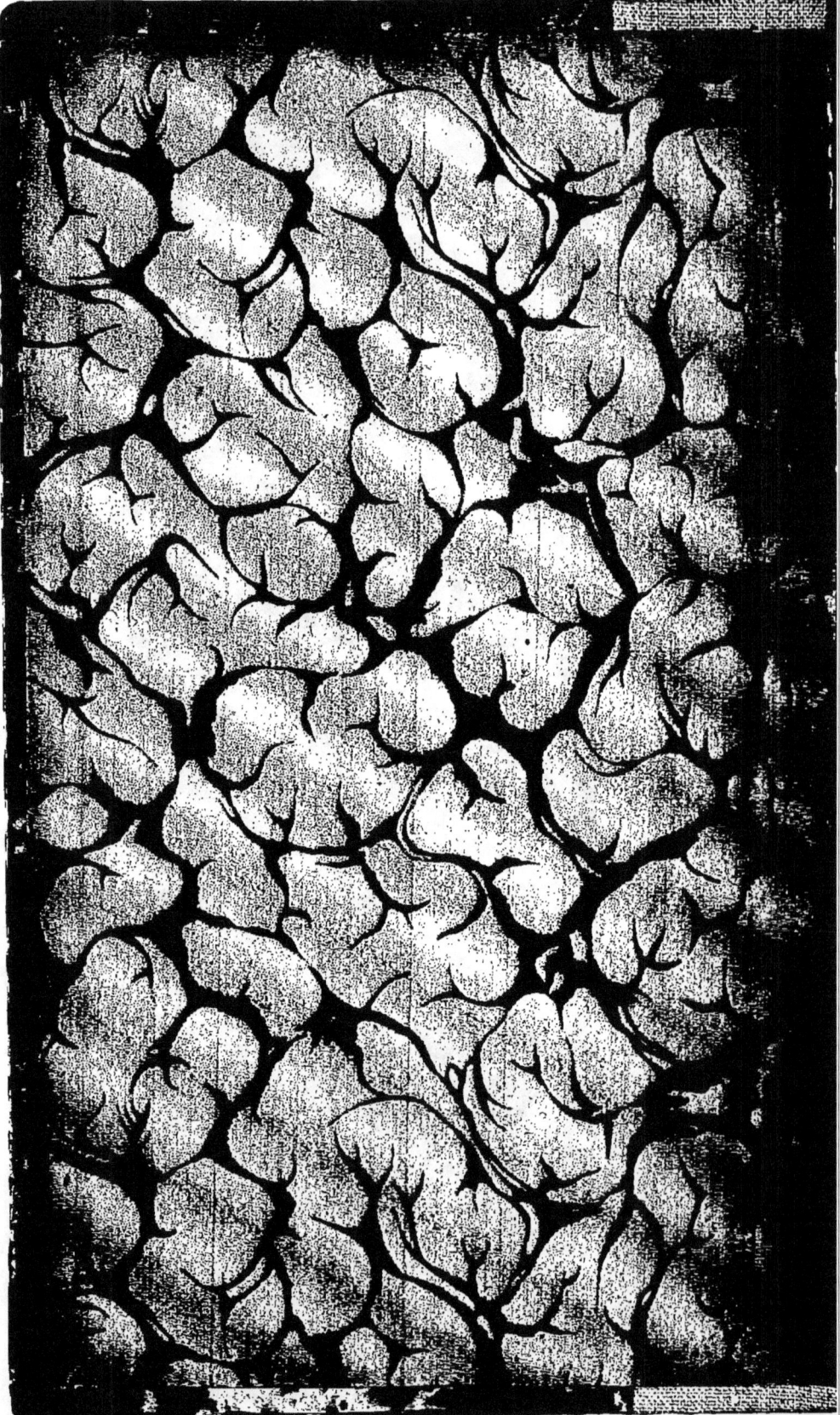

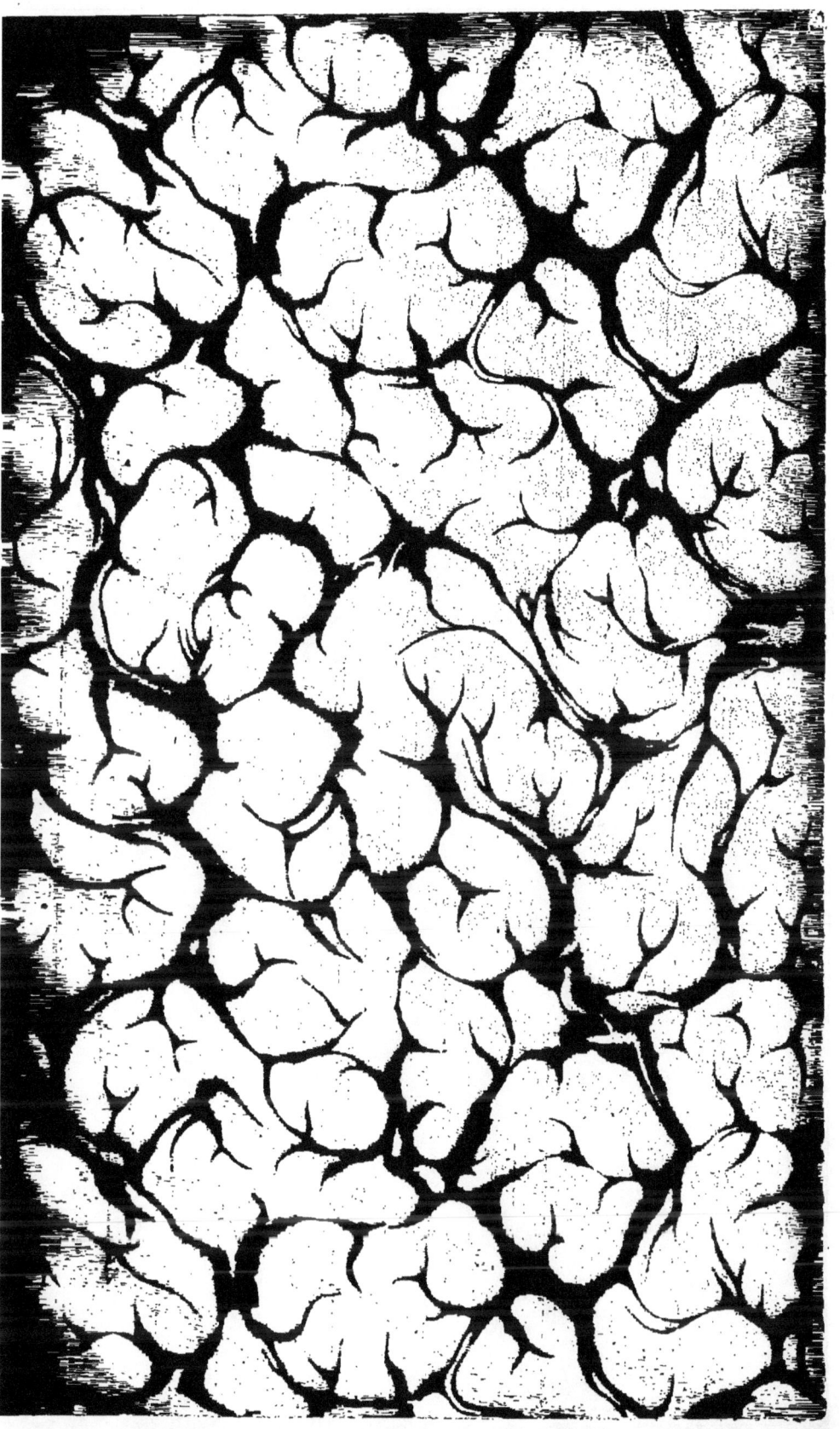

DÉSIRÉ LOUIS

SOUVENIRS
D'UN
Prisonnier de Guerre
EN ALLEMAGNE

(1870-1871)

PARIS
F. JUVEN, ÉDITEUR
10, RUE SAINT-JOSEPH, 10

Tous droits réservés.

Désiré LOUIS

SOUVENIRS

D'UN

PRISONNIER DE GUERRE

EN ALLEMAGNE

(1870-1871)

Préface de GUSTAVE GEFFROY

PARIS
F. JUVEN, ÉDITEUR
10, RUE SAINT-JOSEPH, 10
—
Tous droits réservés.

PRÉFACE

L'auteur de ces Souvenirs d'un prisonnier de guerre en Allemagne *nous donne, après vingt-huit ans écoulés, un livre dont nul de ses compagnons de captivité ne s'est encore avisé, ce qui est au moins surprenant, en notre temps de production littéraire où toute idée, et même toute ombre d'idée, a des meutes de poursuivants. Mais c'est au sujet le plus simple, à celui qui a été le plus profondément vécu, à celui qui est là tout prêt, que la plupart des littérateurs pensent le moins. Ils disent bien sans cesse qu'il n'y a que la vie et la vérité pour alimenter la page écrite, puis cette déclaration faite, ils essaient de nous raconter ce qu'ils connaissent le moins et même ce qu'ils ne connaissent pas du tout. C'est la forme du roman, façonnée et sublimisée, élevée à la hauteur de l'Histoire, par les puissants esprits que l'on sait, qui a permis ce déver-*

gondage de production, cette multiplication inutile d'historiettes dont le point de départ est de pur hasard et la trame de plate invention. C'est beau un beau crime! écrivait un jour J.-J. Weiss. C'est beau un beau roman, roman d'observation savante et irréfutable ou roman d'imagination enflammée! Et c'est charmant, un récit jailli de source où l'écrivain nous dit ce qu'il advint de lui ou de ses personnages dans telles circonstances qu'il sait bien. En somme, c'est toujours l'homme que l'on veut trouver sous l'auteur, quelle que soit l'œuvre.

Il y a un homme dans ce livre, et vous n'aurez pas besoin de lire un grand nombre de pages pour vous apercevoir de cette présence. Journaliste ayant mené de bonnes et justes campagnes pour les humbles, pour cette foule d'anonymes résignés, trop résignés, offrant leur labeur régulier à la cruelle et insensible puissance sociale qui prend tout et rend si peu, critique délicatement épris d'art, attentif au talent courageux dans l'attaque et dans la défense, romancier de la Deux mille neuf cent sept *et du* Pain quotidien, *de la poésie de la machine et de la grise et tressaillante existence de l'employé. M. Désiré Louis s'est encore aperçu un jour qu'il laissait au repos de sa mémoire toute une période de temps où il vécut le tragique et l'inattendu, le drame de la guerre et de la captivité.*

Il évoque ce double drame en ces pages véridiques. Et son livre a pour moi une qualité tout à fait rare et singulière, pour laquelle je lui apporte mon témoignage de lecteur. C'est qu'il ne s'est pas ingénié faussement à se fabriquer à distance des impressions factices, romanesques, théâtrales, c'est qu'il n'a pas abouti à une défiguration du réel. Il a su, tout au contraire, se replacer dans l'état d'esprit où il se trouvait au moment de sa vingtième année, alors que se produisaient les événements. Ces événements, il les évoque et il les raconte aujourd'hui comme s'il venait d'en ressentir l'effet direct. Par là, son livre tient du roman puisqu'il analyse une sorte d'individu étranger à son individu actuel, l'individu qu'il était il y a vingt-huit ans, et qu'il a eu l'instinct et l'art de ne le surcharger d'aucune déclamation, d'aucun arrangement.

Ce petit prisonnier de vingt ans, pris à Metz, que livre Bazaine, avec tout son matériel d'armée, ses fusils, son artillerie, ses drapeaux, et par surcroît la destinée d'un pays, est une âme naïve et sensible comme il s'en trouve tant dans ce bétail humain, cette chair à canon, offerte en holocauste au Dieu des batailles. Il ne sait rien de l'ensemble de la catastrophe, il ne sait pas où il est mené. Il sent vaguement qu'il est la proie d'une fatalité aggravée par l'ignorance et le crime des hommes, et il s'en va passivement vers le désastre comme l'innocente brebis qui fait le chemin de l'étable à l'abattoir. La différence, c'est son inquiétude d'esprit, et encore la brebis n'a-t-elle pas l'inquiétude de son pâturage quitté, de la bonne crèche, des soins familiers. L'inquiétude de l'homme se formule en rêveries, en réflexions, en sursauts d'indignation, mais, j'y insiste, il n'y a pas de tout cela plus qu'il ne faut, c'est-à-dire plus qu'il n'y en a eu. La mesure est juste, de même que les aveux sont francs, aveux de peur et d'orgueil, de faiblesse et de parade. Le ton est si exact dès le début et se maintient si exact jusqu'à la fin qu'il faut accepter tout ce que l'auteur nous apprend sans rien discuter au nom des parti pris patriotiques. Ceux-ci n'ont rien à voir ici. M. Désiré Louis a prouvé doublement son patriotisme : d'abord, en agissant comme il l'a fait, ensuite en exprimant véridiquement ce qu'il a vu. Acceptez donc toutes les tristesses de la captivité qu'il a éprouvées et qu'il nous fait savoir, ces vilenies de la bête humaine dont il a été témoin, ces égoïsmes débridés, ces trahisons, compensées d'ailleurs par tant de manifestations de droiture et d'honnêteté. Acceptez aussi qu'à côté des sauvageries allemandes, des hosannahs de la brute victorieuse, il montre des élans de dévouement, des vertus de bonté et de sensibilité chez les braves gens d'ennemis qui l'accueillent, qui le soignent, qui l'aiment, qui songent à ceux des leurs engagés dans les mêmes périls et les mêmes tristesses. Faites l'équilibre, et le résultat sera malgré tout un réconfort. Mais ne protestez contre aucune affirmation, car ce livre est tout d'honnêteté, est imprégné à toutes ses lignes du charme ingénu de la confession d'un enfant de vingt ans.

S'il faut parler littérature après avoir éprouvé ce sentiment d'humanité, c'est pour dire que la forme de ces souvenirs est en accord avec leur fond. Les choses sont montrées, et aucune dissertation ne les surcharge. La réflexion passe vite, avec le fait qu'elle commente. L'étonnement et l'acceptation se présentent presque à la fois. Une nature discuteuse et immédiatement disciplinée apparaît et donne à contempler la psychologie habituelle de l'âme française en ces courtes phrases limpides. Il n'y a pas à passer ici en revue les différents épisodes qui expriment cette manière d'être, et qui forment un ensemble de documents rares sur une sensibilité individuelle et sur un moment historique, mais je ne puis me tenir de louer la sobriété, la profondeur de vérité, l'émotion à peine exprimée et pourtant si vive, du chapitre de la Leçon de français. Un singulier phénomène s'est accompli là. Pour avoir compris et formulé ce qui se passait devant lui et en lui, l'auteur acquiert la qualité de poésie amoureuse et familiale qui est au patrimoine de l'Allemagne littéraire. Il cueille à son tour le vergissmeinnicht et il en fleurit son histoire. Il a connu la misère, l'ennui, la souffrance, pour aller chercher si loin cette petite fleur bleue et odorante du souvenir. Qu'il ne regrette pas son voyage et ses peines s'il garde dans son esprit et dans son talent cette couleur et ce parfum.

Gustave GEFFROY.

SOUVENIRS

D'UN

PRISONNIER DE GUERRE

CHAPITRE PREMIER

La Ferme de Moscou

(Saint-Privat, 18 août 1870.)

Le contact continuel avec la mort avait éveillé mes souvenirs de jeunesse. Je pensais toujours à ma mère malade restée seule à Nancy, sans autre soutien que moi, jeune soldat de dix-neuf ans au service de la tuerie des hommes. Ses soins, ses attentions, sa tendresse réapparaissaient et versaient la crainte dans mon cœur. J'avais peur de n'être pas brave devant ces massacres à longue distance où la volonté personnelle reste sans effet. Je craignais que 'lattendrissement de mes pensées n'amollit mon courage, ne me fit redevenir humain. Et à la haine de la balle et de l'obus meurtriers qui suppriment les humbles existences, s'ajoutait la malédiction de la guerre, cette faucheuse inconsciente des créations de l'esprit.

Gravelotte, la sanglante journée du 16 août, m'impressionnait encore par son carnage et le coup d'œil grandiose du champ de bataille. J'avais dû subir l'entraînement général en cette ardeur sauvage qui affole, incite à sabrer, à massacrer. Maintenant j'avais honte de l'aberration d'esprit qui gagne si facilement les masses armées. Je connaissais mieux les hommes depuis les débuts de la guerre. Je constatais tour à tour le besoin inné de tuer, de détruire, puis des retours de conscience portant sans réserve à la tendresse, à l'humanité.

L'avenir m'effrayait car, depuis Forbach, l'armée de Bazaine avait perdu tout espoir. Les chefs avaient beau s'ingénier à dissiper ce sentiment général, tout concourait à confirmer cette vérité : l'incapacité des uns, l'incurie des autres, l'indécision, les distributions de vivres irrégulières, le manque de direction et de renseignements précis.

On en avait assez de ces marches forcées, de ces précautions de bêtes traquées, sous le soleil aveuglant et lourd, sous les averses fréquentes. Quelle confiance pouvait tranquilliser aujourd'hui puisque le matin même de Gravelotte, l'Empereur avait fui au grand galop dans une calèche escortée par la cavalerie! Je vois encore cette traînée de fuyards soulevant un nuage de poussière dans la vitesse de leur course, obliquant à gauche, disparaissant peu à peu en une masse informe et grouillante. Aucun vivat pour le Souverain déserteur : une sorte de mépris plutôt dans le sourire vague des soldats attendant la mort.

Quel sort aurions-nous ce matin?

Je m'étais éveillé de bonne heure. A côté de moi les sous officiers de la compagnie dormaient encore, un mouchoir sur les yeux pour se préserver de la fraîcheur de la nuit. Je prêtai l'oreille; tout était calme. Soulevant un coin de la tente, je sortis avec précaution.

L'horizon blanchissait, les bois formaient de larges taches d'ombre profonde. La température était douce. Le camp silencieux s'étendait le long du plateau entre Amanvilliers et Rozérieulles avec ses tentes symétriquement groupées, ses sentinelles veillant près des faisceaux ou aux postes avancés. Au bas passaient les routes allant à Verdun, l'une par Conflans, l'autre par Mars-la-Tour. Des chevaux attachés au piquet, des batteries d'artillerie, quelques voitures de l'intendance animaient les premiers plans du panorama.

Nous étions campés à trois kilomètres en face de Gravelotte, près de la ferme de Moscou, qui allait bientôt servir de point de mire à l'ennemi.

Assis sur le sol, interrogeant l'espace, abandonné aux sensations de nature, je m'isolai des horreurs des rencontres. Je marchai un instant, cherchant à découvrir au loin les positions de l'ennemi. Ce fut inutile, les Prussiens savaient mieux que nous utiliser les accidents de terrain et les bois pour se masquer.

Bientôt une animation régna sur toute la ligne. Des soldats en manches de chemise sortaient des tentes, allaient vers les fourneaux pour faire le café des camarades.

Le jour plus franc débarrassa les feuillages de leur voile. La lumière, claire et dorée, permit de mieux distinguer les maisons, les fermes espacées et le ruban sinueux des routes grisâtres. De légères fumées s'élevèrent des cuisines improvisées, et le camp s'éveilla aux sonneries des clairons se répétant au loin. Autour des tentes, un mouvement soudain. Des hommes, une marmite à la main, allaient chercher de l'eau en chantant quelque joyeuseté pendant que les autres se nettoyaient ou aéraient leur abri de toile. Le beau temps stimulait l'entrain de ces milliers de soldats, et la vie reprenait partout avec activité.

En me trouvant déjà dehors, le sergent Rabissac s'écria :

— Vous êtes matinal, fourrier !... Payez-vous la goutte ce matin ?... Il me semble que les rabiots sont rares depuis quelque temps !

Le vieux sous-officier clignait malicieusement de l'œil tout en brossant sa capote.

— Mon brave Rabissac, notre cuisinier a tout sifflé! répondis je.

— En voilà un blanc-bec de fourrier qui ne connait pas le truc du coup de pouce! Vous me laisserez faire la distribution; vous verrez si je m'y entends.

Certes, je négligeais souvent ce détail; j'en confiais plutôt le soin à un caporal qui me remplaçait dans la distribution des vivres.

Rabissac était un brave homme d'une quarantaine d'années, sec, de taille moyenne et châtain. Yeux marrons et finauds, peau parcheminée, il avait l'air d'un arabe. Il causait beaucoup et nous amusait par sa gaieté, ses sorties parfois drolatiques.

En attendant le déjeuner, chacun s'occupait. Des sonneries de service éclataient, des officiers passaient, donnaient des ordres. Autour des fourneaux, des groupes se formaient pour faire la cuisine.

On aperçut tout à coup des masses prussiennes traversant la route de Verdun pour se réfugier dans les bois. Aussitôt on ouvrit rapidement des lignes de tranchées-abris avec épaulements de batteries et communications défilées. La ferme de *Moscou* fut fortifiée et crénelée. Je compris qu'une action allait peut être s'engager aujourd'hui, mais l'état-major semblait l'ignorer. Nos officiers n'étaient jamais tenus au courant des intentions de ce corps d'élite qui ne fut pas à la hauteur de sa tâche durant toute la campagne. Je souffrais aussi de l'ignorance presque absolue où nous vivions. J'eusse voulu avoir la satisfaction intellectuelle de savoir, de comprendre ce qu'on allait faire, ce qu'on exécutait avec tant de fatigue. Ma curiosité ne fut jamais satisfaite.

Maintenant le soleil était chaud et brillant. Pas un souffle d'air, pas un nuage. Les arbres des bois avaient une immobilité lourde; des vapeurs dansantes, tremblotantes, s'élevaient lentement du sol rougeâtre.

— A qui le tour, aujourd'hui? La journée est belle pour se faire tuer, dit Rabissac en allumant sa pipe culottée.

— Patiente un peu, répliqua un autre sergent.

— Macache! les Kabyles n'ont pas eu ma peau, je ne la laisserai pas aux Pruscos!

A neuf heures, le repas fut prêt.

Devant leurs gamelles fumantes, les sous-officiers de ma compagnie étaient assis à la turque sur un couvre-pied servant de siège et de nappe. A côté d'eux, des soldats mangeaient aussi; quelques escouades retardataires attendaient, blaguant la mollesse des cuisiniers.

Dix minutes après, on entendit un coup de canon. Les cuillères s'arrêtèrent; chacun regarda étonné.

Furieux, les pauvres diables renversèrent leurs marmites. (page 8.)

Une fumée montait vers le ciel, à quelques kilomètres en avant de nous.

— Dis donc, Rabissac, on t'invite à la danse, dit l'un de nous.

— On y va. Heureusement que nous avons fini de déjeuner.

Le sergent se leva. Un second coup de canon partit. Des officiers braquèrent leurs jumelles tandis que Rabissac fouillait l'horizon avec ses yeux de chacal :

— Ça va chauffer, aujourd'hui, fit il avec sang-froid en regagnant sa place.

— Sac au dos ! cria-t-on de toutes parts.

Furieux, le ventre presque vide, les pauvres diables renversèrent d'un coup de pied gamelles et marmites encore sur le feu.

Des débris de toutes sortes s'éparpillèrent auprès des flaques d'eau chaude parsemées de riz, de légumes, parmi les charbons mal éteints.

Une épaisse fumée blanche s'éleva en tourbillonnant vers le ciel. Aussitôt, près d'un bois, en avant, une batterie prussienne prit position avec une rapidité surprenante. Tout le camp fut bientôt sur pied, le sac fait, attendant les ordres. Le canon tonna à nouveau ; une autre batterie s'était placée vivement à côté de la première. Les obus tombaient, enlevant les tentes, brisant les voitures pleines de vivres. Parfois, ils s'enfonçaient dans la terre sans éclater.

Notre artillerie s'était installée dans les tranchées. Des masses prussiennes sortaient des bois, lourdes et compactes avec des scintillements d'armes et de casques. Jamais je n'avais vu pareille agglomération humaine. L'ennemi s'avançait, se déployait avec une régularité parfaite.

— Sac au dos ! clamèrent encore des voix.

En un clin d'œil, nous fûmes sous les armes. Les voitures reculèrent près d'un chemin encaissé, et des tirailleurs s'élancèrent au pas de course pour défendre la route conduisant à Gravelotte. Le reste du régiment se déploya à droite et à gauche dans les bois, en se précipitant aux tranchées où l'artillerie donnait déjà. Ma compagnie attendait, masquée par les petits murs de la ferme de Moscou, mais non à l'abri des projectiles.

Je vis arriver à cheval les maréchaux Bazaine et Le Bœuf avec leur état-major. Tous regardaient du côté de l'ennemi. Bazaine, petit, épais, le cou rentré dans les épaules, la figure quelconque, à l'aspect d'indifférence calme, un peu lourde, d'homme qui s'éveille d'un long sommeil ou qui sort de faire un bon déjeuner. Il écoute à peine le maréchal Le Bœuf qui lui indique des points sur une carte. Tout à coup, il se tourne vers un colonel d'artillerie et lui demande son opinion sur la situation. L'officier répond sans hésitation : « Monsieur le Maréchal, il n'y a que deux solutions : marcher sur Verdun ou se retirer à Metz. »

Tous semblèrent approuver, mais Bazaine ne leur donnant pas le temps d'ajouter un mot, tourna bride et disparut, suivi de son escorte. On ne le vit plus de toute la journée sur le champ de bataille.

Le sort de l'armée ne le préoccupait guère.

Depuis plusieurs jours, le bon sens du soldat distinguait cette ineptie, cette indécision coupable des grands chefs. Forbach, Borny, Gravelotte nous avaient ouvert les yeux. Cependant le courage faisait espérer encore, personne n'aurait pu croire qu'un général en chef pût trahir son pays aussi ouvertement.

Bientôt des officiers d'ordonnance et de l'état-major, porteurs d'ordres, traversèrent à cheval le champ de bataille, sous une grêle de balles. L'un d'eux, capitaine, arriva sur nous à toute bride. S'adressant à l'adjudant du bataillon, il le chargea de porter un ordre écrit à un autre régiment, à trois cents mètres de là.

— Permettez-moi de vous faire remarquer, répondit le sous-officier, qu'il vous est bien plus facile de vous y rendre à cheval que moi à pied. D'ailleurs, je ne dois pas quitter mon poste sans un ordre de mon chef de bataillon.

Le capitaine insistait, menaçait de se plaindre à son général dont il exécutait les ordres, lorsque le commandant qui avait tout entendu s'avança et dit froidement au capitaine d'état-major :

— L'adjudant a raison, Monsieur, faites votre devoir !

Vexé et furieux, l'officier pique son beau che-

val et s'engage au galop, au milieu d'une pluie de
balles. Je le suis des yeux, je frémis de le voir affronter un passage aussi meurtrier, car les Prussiens,
se doutant de l'importance de sa mission, tirent avec
acharnement. Tout à coup le capitaine tombe sans
lâcher les rênes ; son cheval s'arrête, piaffe nerveusement. Nous poussons un cri ; nous plaignons
l'officier après avoir souri tout à l'heure de son histoire avec l'adjudant. Tous les regards se portent
vers lui. Est-il blessé ?... On s'inquiète, attendant
avec anxiété un dénouement qu'on pressent tragique
par un feu aussi nourri. Mais il se relève, marche,
boite un peu, se baisse et s'abrite du corps de son
cheval. Nous sommes soulagés ; tout le monde reconnaît son courage. On souhaite de le voir arriver
à destination ; un sourire de satisfaction s'esquisse sur les visages, car l'officier remonte bientôt
en selle, éperonne vivement sa pauvre bête affolée
qui court à toutes jambes.

Je suis si ému que je sens ma gorge se serrer de
bonheur et mes yeux se mouiller. Tout le monde
semble dire : arrivera-t-il ? Mais cent mètres plus
loin, il descend encore et suit l'animal dont il se sert
comme d'un rempart vivant. Alors je devine sa tactique : il feint d'être blessé pour tromper l'ennemi et
faire ralentir la fusillade. Peut-être est-il réellement
atteint ?... Mais deux minutes après, il se remet
promptement sur sa monture, la tête baissée contre
l'encolure, tandis que son cheval vigoureusement en-

traîné, blessé aussi peut être, semble voler en sa vitesse prodigieuse. Est-il sauvé, cette fois ?... Il n'a plus qu'une cinquantaine de mètres à franchir. Il arrive enfin au point désigné et tout le monde manifeste son contentement par un soupir fortement accentué.

Le feu de l'ennemi si serré, si dangereux, rendit toute riposte impossible du côté de la ferme. Il fallut faire coucher les hommes à plat ventre ; mais ils ne voulurent pas rester plus longtemps derrière ces murs où ils attendaient une blessure certaine ou la mort. Je ne pus contenir mon emportement devant l'insistance ridicule du lieutenant de ma compagnie qui voulait nous maintenir quand même à cet endroit.

— Pourquoi se laisser mitrailler inutilement ? Ces murs vont s'écrouler tout à l'heure avec la ferme. L'obéissance passive comporte-t-elle de se faire tuer sans tirer un coup de fusil ? Que faisons-nous ici, où aucun effort ne peut être tenté ?...

— Encore vos raisonnements, fourrier, fit l'officier en me regardant d'un mauvais œil.

— Permettez, mon lieutenant, nous avons déjà quinze hommes blessés, quatre tués ! C'est assez éloquent. Si personne ne prend la responsabilité de nous changer de place, j'irai trouver le colonel. Ce n'est pas la peur qui me fait parler, je le montrerai quand cela sera nécessaire !

Des soldats approuvaient, se retiraient de ce

point dangereux, lorsque l'officier commanda brusquement :

J'attendis un moment propice derrière un mur. (page 14.)

— Restez là et taisez-vous!

Il ne m'aimait pas parce que, dès le début de la campagne, je critiquais ce qui me paraissait être faute ou incurie. Noté en conséquence, je n'espérais aucun avancement. L'avenir me prouva bien que j'avais raison.

Des obus à pétrole, toutes sortes d'engins incendiaires tombaient depuis longtemps sur la ferme qui commençait à prendre feu. Vingt secondes après l'injonction du lieutenant, un obus éclata, lui brisant la mâchoire et le blessant au bras. En même temps une voix cria :

— Vite aux tranchées!

On emporta l'officier victime de son entêtement.

Les toits venaient de s'écrouler; tout le monde se précipita dans les tranchées entre deux averses de mitraille. J'attendis un moment propice derrière un pan de mur encore debout. Des cochons, des poules, des vaches fuyaient affolés, vers les Prussiens. D'autres animaux terrifiés restaient sur place, se laissaient griller. Dans la ferme embrasée, inabordable maintenant, des blessés se plaignaient, et l'artillerie ennemie continuait son ravage avec un acharnement inhumain, illogique, puisque tout était écroulé, incendié. Ce spectacle navrant m'avait retenu; j'eusse voulu secourir ces abandonnés, mais la fusillade me chassa. Je me précipitais, tête baissée, vers la première tranchée lorsqu'un obus, s'enfonçant dans le sol, à quelques mètres, éclata en me soulevant dans un nuage de terre. Aveuglé, assourdi, je retombai à plat ventre, le képi et le fusil loin de moi. Effaré, je me relevai, me tâtant, m'orientant. Puis ramassant vivement casquette et chassepot, je marchai à quatre pattes jusqu'à la tranchée où je restai quelques minutes sans bouger, respirant difficilement.

— Êtes-vous blessé? demanda Rabissac. Buvez un peu, ça vous remettra.

Et il me tendit son bidon tout en cherchant sur moi des traces de blessure. Je ne sentis que de légères contusions.

Une fois remis, je fus le premier à rire de cet incident.

— Heureusement que le terrain est mou, dit une voix :

— Je vous croyais perdu, mon pauvre fourrier, ajouta Rabissac. Allons, encore un coup, car il y aura du grabuge, tout à l'heure.

D'aplomb maintenant, je regardais autour de moi.

L'action était terrible, de tous côtés on se battait vigoureusement. Près de nous, un lieutenant d'artillerie commandait la batterie de la tranchée. Grand et blond, la figure sèche, sévère, il allait d'une pièce à l'autre, rectifiant le tir, encourageant ses hommes.

— Nous voilà condamnés à rester là toute la journée, grommelait le vieux Rabissac en voyant les Prussiens plus nombreux, fortement établis, mitraillant sans cesse. Sitôt qu'on montre la tête, un pruneau siffle à votre oreille!

En effet, on ne tirait pas, on restait caché, attendant les événements.

Le sergent se mit à parler de la guerre en Afrique, en Italie. Là, on causait du pays avec l'ennemi, on lui chatouillait les flancs avec la baïonnette, pour le faire rire un brin, voir ses dents blanches. Ici, impossible de piquer son prusco! Il faut se cacher ou risquer d'être *morto!*

Tout à coup, il fit une grimace et s'écria :

— Ça va mal! Voici les tirailleurs qui se replient.

Un silence régna ; nos cœurs se serrèrent devant la retraite qui se dessinait déjà.

Des masses énormes débouchaient toujours des bois, la fusillade augmentait partout. En notre immobilité forcée, je me surpris rêvant, plongé dans les souvenirs. Divagations absurdes de mon cerveau fatigué qui firent bientôt naître la crainte de la mort en pensant à ma mère, à mes amis. Je frissonnais de me voir non reconnu, enfoui dans une de ces vastes fosses communes de champ de bataille, après avoir été dévalisé par des mains pillardes.

Je n'eus pas le temps de m'assombrir davantage : un feu à volonté commença dans notre tranchée. Les Prussiens avancèrent ; la résistance devint sérieuse. Silencieux maintenant, Rabissac tirait sans précipitation en recommandant aux soldats d'en faire autant. En visant, sa figure devenait dure comme s'il eût été préoccupé par la réalisation d'une vengeance attendue depuis longtemps.

Nos batteries donnaient, la fusillade était régulière,

la mort continuait à frapper, à réduire les combattants.

La chaleur incommodait davantage sous le soleil de plomb qui brûlait les figures, rôtissait la terre d'où s'élevaient des bouffées écœurantes. La bataille, plus terrible aussi, avait presque épuisé les munitions. L'ennemi gagnait du terrain, poussait des cris de bêtes fauves. Rabissac, pâle de colère, se révoltait contre l'incurie, l'incapacité des chefs responsables. La mauvaise organisation, le manque d'approvisionnements étaient si manifestes que le lieutenant d'artillerie exprimait son indignation, tout en nous engageant à ne pas faiblir. Le murmure gagna bientôt les soldats quand il leur fut ordonné de ne tirer qu'à coup sûr pour ménager les cartouches en attendant l'arrivée des caissons. Toujours des promesses! mais personne n'y comptait. Il était difficile de maintenir le courage des hommes.

— Garde à vous! les enfants, nous allons sortir de la tranchée, dit crânement un capitaine en passant rapidement derrière nous.

Le canon ne gronda plus; les têtes se redressèrent, interrogatives. Fatigué de cette inaction, tout le monde voulut marcher immédiatement à la baïonnette. Des plaintes, des clameurs s'élevèrent dans l'attente du départ. Que se passait il donc? De loin en loin, quelques décharges partaient; nos pièces ne répondaient presque plus. A cinq heures, les caissons étaient vides!...

En pleine fusillade, des officiers sortirent de la tranchée pour aller prendre dans les gibernes, dans les sacs des blessés ou des morts les cartouches qui s'y trouvaient. Puis, ils les distribuèrent d'un air paterne, stimulant le sang-froid des soldats avec une douceur encourageante. Rabissac et moi nous les aidions malgré les dangers qui nous entouraient.

Tout à coup, un cri général retentit : « A la baïonnette, à la baïonnette ! » Les tambours battent la charge accompagnés des clairons et des mots : « En avant! En avant! » répétés de tous côtés, d'une voix chevrotante de joie. On s'élance, on franchit lestement les obstacles. Elan sublime, héroïque folie qui fait bondir les hommes sans le souci des balles criblant l'espace. Les uns trébuchent, tombent, puis se relèvent pour reprendre leur course effrénée. Des cris confus mêlés aux commandements, éclatent avec force tandis que les bataillons, les régiments s'ébranlent, soulevant des nuages de poussière. Avec sa rapidité méthodique, l'ennemi s'avance, continue sa pluie de projectiles. Les rangs s'éclaircissent, se resserrent aussitôt. Les obus fusent, bourdonnent ; les balles au sifflement furieux, ironique ou plaintif, frappent les baïonnettes en un son sec, ou tombent en miaulant. C'est une poussée grandiose qui exalte, électrise, où l'on se sent emporté par l'ouragan humain.

Et le cliquetis des armes, le heurt des fourniments, des quarts sur les bidons, le ballottement des car-

Après avoir habilement paré le coup (page 20.)

touches dans les gibernes jettent leurs notes discordantes couvrant les cris des blessés piétinés quelquefois.

— Vive la France ! En avant ! En avant ! clament des voix exaltées.

Le canon reprend son vacarme au milieu des craquements de la mitrailleuse, du crépitement de la fusillade. On atteint l'ennemi. Des Prussiens sont lardés sans pitié tandis que d'autres, terrifiés par l'aspect de la baïonnette, par la furie des Français, jettent leurs armes ou se sauvent. Beaucoup se défendent bravement aussi.

Ce fut un carnage atroce, plein de fureur, d'inconscience, pendant lequel eurent lieu de véritables combats singuliers, ignorés, remplis de bravoure et d'audace.

J'aperçus Rabissac, trop avancé, aux prises avec un officier de uhlans qui l'avait chargé, le sabre abaissé pour pointer. Après avoir habilement paré le coup, il fit feu ; son adversaire blessé au flanc, tomba à vingt mètres. Le cheval s'enfuit ventre à terre ; le Prussien en un dernier effort, se souleva avec peine et, saisissant vivement son revolver, ajusta Rabissac sans l'atteindre. Furieux, mon camarade cloua le uhlan au sol d'un vigoureux coup de baïonnette en pleine poitrine.

— En retraite ! lui criai-je, parce que de notre côté les tirailleurs revenaient dans les tranchées.

Les Prussiens avaient reculé de plusieurs kilomètres. Mais on nous fit battre en retraite, sans qu'on sût pourquoi, après avoir sacrifié inutilement des milliers d'hommes pour rester maitres de nos positions.

Après chaque combat, c'était le sort qui nous était réservé.

Nous retrouvâmes dans la tranchée le lieutenant d'artillerie qui avait pu se procurer un caisson d'obus. Il restait stupéfié qu'une telle quantité de projectiles pût être envoyée en si peu de temps. Heureusement que les Prussiens tiraient trop vite et trop haut.

Cette journée fut un véritable combat d'artillerie. Les vieux brisquarts avouaient qu'ils n'avaient jamais vu pareille chose dans aucune de leurs campagnes.

Maintenant, de temps en temps, des coups de fusil partaient comme les pétards retardataires d'un bouquet de feu d'artifice. Coups timides peu inquiétants. Cependant nous dûmes rester encore accroupis dans les tranchées en attendant de nouveaux ordres. En aurons-nous seulement, pensai-je en voyant la situation plus embarrassée que le matin? L'estomac creux, accablés, dans l'impossibilité de nous nourrir, de sortir de notre cachette, de nous y reposer, puisque l'ennemi pouvait nous attaquer encore, nous étions désespérés. Pendant la chaude après-midi, on s'était soutenu par quelques gouttes de café ou d'eau-de-vie; à présent les bidons et les gourdes étaient presque vides. Il ne nous restait que peu de pain, pas de viandes de conserves; il fallut se résigner à grignoter du biscuit.

Vers sept heures, les Prussiens tentèrent une nouvelle attaque, mais ils furent vigoureusement repoussés.

La nuit arriva, quelque peu éclairée par la lune. Au loin, des villages, des fermes incendiés projetaient de grandes lueurs. « Moscou » brûlait encore ; un général était, paraît il, parmi les ensevelis auxquels on n'avait pu porter secours.

Après une chaleur aussi intense, la fraîcheur glaçait les épaules, et notre immobilité forcée rendait l'humidité plus pénétrante. Des étoiles piquaient leurs points scintillants dans la clarté lunaire qui semblait refroidir encore l'air de la nuit. Parfois une sentinelle tirait, donnait l'alarme, trompée par un bruit, par une ombre quelconque ; une fusillade suivait, crépitante en ses illuminations d'éclairs :

— Encore un animal qu'a peur ! faisait Rabissac. Ces cosaques n'ont pas pour deux liards de sang-froid. Un coup de feu suffit pour engager bêtement la lutte...

— C'est vrai, lui répondis-je. Mais dans notre situation, trop de prudence ne saurait nuire. On ne distingue rien, on n'ose pas sortir d'ici. D'ailleurs, où irions-nous ? Nous ne savons même pas où se trouve le reste du régiment. Et pour comble de malheur, il n'y a plus de munitions...

Je n'étais nullement rassuré. Avec un peu d'audace, les Prussiens eussent pu nous faire prisonniers facilement. Et puis, n'ayant pas la distraction de fumer de peur de servir de point de mire, le sommeil commençait à nous prendre. Vaincu par la fatigue, mes yeux un peu secs se fermaient en un lourd battement des paupières. Les soldats étaient abattus ; il fallut pour notre sécurité organiser la garde de la tranchée.

Les sentinelles veillaient, enveloppées de leurs couvertures, pendant que les camarades reposaient allongés, assis ou accroupis, le fusil dans leurs bras. Pour mieux se garantir de l'humidité, quelques-uns se servaient de leurs tentes, se tassaient, se rapprochaient en des groupes informes, largement drapés, d'un aspect lugubre. Je n'osais m'endormir, tenu en éveil par un énervement douloureux, par la crainte d'être fait prisonnier, tant étaient redoutées les cruautés du vainqueur, ses représailles indignes. S'il m'arrivait de sommeiller, je m'éveillais en sursaut à la moindre alerte, avec un malaise horrible. Je grelottais, je me serrais davantage dans ma couverture pleine de rosée. J'écoutais les soldats s'entretenant tout bas des camarades disparus. Des exclamations de colère leur échappaient contre l'abandon inqualifiable où l'on nous avait laissés.

De loin en loin, des voix plaintives troublaient la solitude, se perdaient en mourant : « Cacolet ! Cacolet ! » scandait un blessé. Et, les faibles lumières jaunes des brancardiers vacillaient, disparaissaient, se montraient ensuite comme des yeux hagards, clignotants, trouant l'obscurité. Tout près, une voix semblable à celle d'un enfant, appelait « maman », invoquait Dieu ; là-bas, un autre demandait à boire ou à être achevé d'un coup de fusil pour ne plus souffrir. Ces appels, suivis parfois de jurons, de supplications, se répétaient faibles, traînants, humbles et désespérés, en des accents qui serraient le cœur et faisaient détester, haïr la guerre. Il était impossible de porter secours aux malheureux restés en avant qui se plaignaient le plus. L'ennemi, épiant les moindres mouvements, tirait sur les brancardiers s'aventurant avec leurs falots. Quelques-uns se dévouaient à tâtons, mais les moyens de transport manquaient ; il fallait abandonner les agonisants après les avoir soulagés, pansés grossièrement. Ah ! ces voix qui imploraient, qui demandaient le coup de grâce pour ne pas tomber aux mains des Prussiens ! Je les entends encore comme l'écho de la mort.

L'obscurité plus profonde réveillait mes tristesses ; il me tardait que le jour vînt. Mais à la monotonie des plaintes se mêlaient sans cesse les bruits mystérieux de la nature. Le calme relatif se fit plus tard avec les ténèbres de plus en plus sinistres.

Cependant, au milieu de la nuit, les canons prussiens se fâchèrent terriblement. Une surprise, sans doute ? Mais, loin de nous, une autre partie de l'artillerie française possédant encore des munitions riposta vigoureusement à notre droite.

Cacolet! Cacolet! (page 23.)

Nous attendions, nous sachant vaincus. Qu'allions-nous devenir?

Il y avait cinq heures que nous étions inactifs.

Peu à peu l'esprit reprenant son équilibre, imposa ses idées vagabondes. Rabissac et moi nous sentîmes notre cœur s'amollir en un sentiment de mélancolie qui portait nos souvenirs vers le pays, la famille. Le sergent qui avait encore sa mère, me dit ses projets, ses espérances. Dans deux ans, il aurait sa retraite. Il reprendrait son métier de menuisier. Avec sa pension, le prix de ses campagnes et la médaille militaire, ils vivoteraient tous les deux.

— Vous savez bien que je n'ai pas peur ! fit-il tout à coup. Eh bien ! cette horrible journée me rend inquiet. Si je tombe, promettez-moi d'écrire à ma vieille, de lui envoyer les petites économies que j'ai dans le sac. Là dedans, vous trouverez aussi son adresse et son portrait... Je compte sur vous ?...

— C'est entendu. Mais je suis dans votre cas, mon camarade ! Vous me rendrez donc le même service, s'il m'arrive malheur. Pourvu que nous ne restions pas tous les deux sur le carreau !...

— N'y pensons plus, répliqua Rabissac enfiévré.

Nous restâmes longtemps pensifs, attristés de ce que nous venions de dire...

Peu après notre confidence, quelques balles explosibles éclatèrent sur la crête du parapet en une lueur phosphorescente de ver luisant. C'était la première fois que nous en voyions ; nous ignorions donc les dégâts qu'elles pouvaient causer. Quelle était l'intention des Prussiens ? Tuer plus sûrement après blessure ?... Ce feu d'artifice éveilla la tranchée ;

mais aucun accident grave ne survint. L'inefficacité de ce nouveau projectile fit accepter plus bravement son petit pétillement. Lorsqu'une balle arrivait sans atteindre personne, on disait en riant : « Passe petite ! »

Bientôt une brise tiède et caressante courut dans la campagne endormie. La lune pâlissait de plus en plus, les bois plaquaient leurs taches noires et lourdes, on ne distinguait plus la silhouette des sentinelles ; tout avait disparu et l'œil se perdait dans l'immense obscurité.

Un silence plana sur le champ de bataille.

— Voici le jour ! fit Rabissac, la figure fatiguée.

Je secouai mes membres engourdis, brisés par l'horrible nuit, je pliai ma couverture et ma tente pour placer vivement le paquetage sur le sac pendant que le sergent faisait lever les hommes encore allongés, blottis les uns contre les autres. Ce fut un réveil sans entrain, un réveil de découragés, de mécontents. Tout le monde bâillait péniblement, avait des regards vagues de bêtes éreintées.

A ce moment, des lueurs d'acier poli barraient l'horizon ; le petit jour vint peu après, et les avant-postes se saluèrent à coups de fusil.

Le champ de bataille offrait un aspect atroce.

Des chevaux morts, les jambes allongées et raidies, étaient étendus près des caissons démantibulés, brisés. Plusieurs, criblés de blessures, privés d'un membre, essayaient de marcher avec un courage surprenant. Affreusement mutilés, des hommes gisaient pêle-mêle ; d'autres, inertes, semblaient n'avoir aucune blessure. Pas une tache de sang sur ceux tués sur le coup, comme frappés d'apoplexie foudroyante. A côté d'eux, des fusils, des sacs, des objets d'équipement abandonnés, dispersés.

Avec le jour grandissant, une tristesse poignante vous prenait devant les horreurs, les débris humains ou matériels.

Bientôt on s'aperçoit que le bataillon est seul. Les autres ont battu en retraite, il reste peu de monde derrière nous. Et personne ne nous a prévenus ; personne n'a donné un ordre ! On nous oubliait, on nous laissait à la merci d'un régiment allemand !

Un brancardier nous dit que, depuis la nuit, l'armée s'était retirée dans la gorge de Châtel-Saint-Germain.

C'est trop fort ! On n'a pas le temps de récriminer, car les Prussiens s'approchent. L'officier d'artillerie, la rage au cœur, fait précipitamment enclouer ses canons, n'ayant plus de chevaux pour les emmener avec lui. Des artilleurs, les larmes aux yeux, avaient vainement essayé de les démarrer, de les tirer avec des élingues ou à bras. La pente était trop raide, le terrain trop humide. Il fallut se résigner, les abandonner à l'ennemi. Oh! la rage qui assombrit les visages, à ce moment!

Au-dessus de nous, vers la route, des disputes, des cris, des jurons, annoncent un grand désarroi, un encombrement de matériel. En un clin d'œil, on quitte les tranchées sous la fusillade qui recommence. Un cri maudit retentit : « Sauve qui peut! ». La panique est partout, imbécile et redoutable. Les vieux soldats sont honteux, furieux de cet affolement ridicule. Ils s'arrêtent, face à l'ennemi, retenant les fuyards, les appelant lâches et les obligeant à faire feu. Mais le désordre est à son comble. Les chefs menacent de fusiller les poltrons, les saisissent brusquement par le bras, par la capote. Ils essaient de les maintenir, de les faire battre en retraite, sans précipitation, les adjurent de continuer le feu de temps en temps. Tout est inutile! Les Prussiens, enhardis par ce désarroi, accourent précipitamment en colonnes épaisses, et lancent des hourrahs formidables, tandis que leur artillerie décime le reste de l'armée française toujours en fuite.

La terreur gagne les rangs avec la rapidité d'un courant électrique; les hommes retrouvent des forces pour fuir. Navrés d'un tel spectacle, nous sommes impuissants à arrêter ce flot humain sans raison, sans volonté, qui agit machinalement, par imitation. La discipline, la dignité, la patrie sont oubliées. Les encouragements deviennent inutiles. Sur toute la ligne, maintenant, c'est la fuite honteuse, tête baissée, malgré les vociférations des chefs contre ces terrifiés :

— Lâches! Face à l'ennemi! Vous n'êtes donc plus Français! Tas de cochons!...

Quelques fuyards sont tués à bout portant. Mais la confusion, les bousculades précipitées continuent avec le même esprit de vertige. Et ces hommes s'étaient si courageusement battus à Borny, à Gravelotte, hier encore! Cette reculade m'apparaît à distance comme une des faiblesses du caractère français si bouillant, si impétueux dans la victoire, mais se désespérant aussi facilement qu'il s'enflamme. Parce que le sort tournait contre nous, le soldat se montrait crânement irrespectueux, désobéissant. Il redevenait homme libre, égoïste et poltron.

Maintenant, en deçà du camp abandonné, des hommes cherchaient leur régiment, en criant le numéro, puis se réunissaient par groupes. L'artillerie, les bagages, l'intendance encombrant toujours la route, ralentirent la retraite vers le fort de Plappeville dont les canons tâchaient d'arrêter la marche des Allemands. Les projectiles prussiens labourèrent nos rangs réduits à une inaction désespérante. Voitures et caissons furent culbutés afin de se retirer plus vite, de se mettre hors de portée de l'ennemi. Tout obstacle fut écarté, renversé pour fuir précipitamment. On courait à toutes jambes vers le fort. Les uns se débarrassaient de leur sac pour être plus légers tandis que d'autres, plus calmes, plus braves, aidaient à renverser méthodiquement,

Des chevaux morts, les jambes raidies. (page 27.)

sur les côtés du chemin, les voitures inutiles, laissées là par les conducteurs. Le passage des canons et des blessés fut ainsi facilité. En ce point, de fréquentes décharges d'obus tombaient, brisant tout, faisant de nombreuses victimes. Pour établir l'ordre, les officiers, les sous-officiers s'y étaient arrêtés, encourageant les soldats, barrant la route aux plus impatients.

Les cris, les coups de fouet, le grincement des véhicules et la mitraille continuaient en ce chaos, en cette pénible débandade, lorsque tout à coup, on cria : « les Prussiens! les Prussiens! »

La bousculade recommença, moins craintive cependant à cause de la proximité du fort. A cinq cents mètres, quelques cavaliers ennemis s'étaient aventurés bravement pour examiner la situation. On tira sans les atteindre; derrière eux les Prussiens occupaient déjà notre emplacement de la veille...

Bientôt, le restant de l'armée arriva sur les glacis des forts de Saint-Quentin et de Plappeville où la garde impériale, toute fraîche, toute pimpante, se reposait ayant été conservée comme réserve d'élite. Quelques régiments seulement avaient donné fort tard.

Une rumeur s'éleva à la vue de ces favorisés, ménagés, laissés tranquillement, loin des champs de bataille. En spectateurs heureux, ils assistaient à la déroute; ils souriaient de nous voir rentrer si précipitamment, dans un tel désordre. Des quolibets s'échangèrent aigrement. Leurs rires augmentèrent. La plupart des hommes se frottaient les mains devant leurs marmites pleines et bouillantes tandis que nous rentrions affamés, navrés, exténués de fatigue, et désolés.

Le lendemain, Metz était investi. Chacun de nos corps d'armée prit position en avant des forts insuffisamment armés et non approvisionnés. Beaucoup de travaux étaient inachevés ou restaient à faire. Et chaque jour se livraient des escarmouches, de petits combats pour retarder les Prussiens dans les retranchements qu'ils élevaient de toutes parts.

On fit des sorties fréquentes, assez désastreuses, pour aller aux fourrages, chercher des vivres. Puis tout manqua : le pain, la farine, le lard, le sel, la viande de boucherie. Les chevaux dépérissaient, mouraient faute de nourriture. Partout, sur les routes, dans les vignes, on apercevait des cavaliers enveloppés de leur manteau, traînant difficilement leurs bêtes malades par la bride. Les chevaux dévoraient l'écorce des arbres pendant que leurs maîtres ramassaient des feuilles pour les nourritures futures. Leur mine, leur tristesse faisaient peine à voir.

Peu à peu la cavalerie fut démontée. On mangea du cheval en quantité, puis il fallut rogner la portion ; on souffrit bientôt de la faim. La comédie des fausses sorties continua. Abandonnant le terrain gagné, on rentrait le soir tranquillement au camp après avoir inutilement perdu beaucoup de monde. Pendant ce temps, autour de Metz, les forces prussiennes augmentaient chaque jour au point de rendre toute trouée impossible.

Depuis longtemps planait le pressentiment d'un événement honteux pour l'armée, terrible pour la patrie. Le 27 octobre, Metz capitulait ! Et le traître Bazaine eut l'audace de lancer à l'armée cet hypocrite ordre du jour pour atténuer l'infamie de sa conduite :

« Ordre Général n° 12.

« A l'Armée du Rhin !

« Vaincus par la famine, nous sommes contraints
« de subir les lois de la guerre en nous constituant
« prisonniers.
« A diverses époques de notre histoire militaire,
« de braves troupes commandées par Masséna,
« Kléber, Gouvion-Saint-Cyr, ont éprouvé le même
« sort, qui n'entache en rien l'honneur militaire,
« quand, comme vous, on a aussi glorieusement
« accompli son devoir jusqu'à l'extrême limite
« humaine.
« Tout ce qu'il était loyalement possible de faire
« pour éviter cette fin a été tenté et n'a pu aboutir.
« Quant à renouveler un suprême effort pour
« briser les lignes fortifiées de l'ennemi, malgré

« votre vaillance et le sacrifice de milliers d'exis-
« tences qui peuvent encore être utiles à la patrie,
« il eût été infructueux par suite de l'armement et
« des forces écrasantes qui gardent et appuient ces
« lignes ; un désastre en eût été la conséquence.

« Soyons dignes dans l'adversité, respectons les
« conventions honorables qui ont été stipulées, si
« nous voulons être respectés comme nous le méri-
« tons. Evitons surtout, pour la réputation de cette
« armée, les actes d'indiscipline, comme la destruc-
« tion des armes et du matériel, puisque, d'après
« les usages militaires, places et armement doivent
« faire retour à la France lorsque la paix est signée.

« En quittant le commandement, je tiens à expri-
« mer aux généraux, officiers et soldats, toute ma
« reconnaissance pour leur loyal concours, leur
« brillante valeur dans les combats, leur résignation
« dans les privations, et c'est le cœur navré que je
« me sépare de vous.

« Ban Saint-Martin, 28 octobre 1870.

« *Le Maréchal de France, commandant en Chef,*

« BAZAINE. »

CHAPITRE II

En route pour la Prusse

(29 octobre 1870.)

L'heure de la honte avait sonné. Il fallut rendre les armes, les drapeaux, les munitions, l'honneur !

Les plus confiants avaient obéi aux ordres invitant les chefs de corps à livrer les drapeaux et les aigles à l'arsenal où ils devaient être brûlés. Des officiers avaient fait croire qu'à la paix on retrouverait ces glorieux symboles. Malgré la volonté des chefs, les régiments moins crédules les déchirèrent; les soldats s'en disputèrent les morceaux, comme une noble relique de notre passé, et les enroulèrent autour de la ceinture.

La veille de notre départ pour la Prusse, chaque régiment entassa ses fusils, ses munitions dans le fort le plus voisin. De vieux soldats, les larmes aux yeux, le cœur navré, s'étaient refusés à les rendre, les avaient brisés de colère ou jetés dans la Moselle. D'autres, plus calmes, se contentèrent des consolations des officiers affirmant sincèrement « que la paix allait être signée bientôt et que les armes resteraient à la France, n'ayant pas le temps d'aller en Prusse ». Après avoir nettoyé soigneusement leur chassepot, ils en prirent le numéro afin de rentrer plus tard en possession de ce même fusil qu'ils connaissaient si bien.

Dans l'exaltation des esprits, on vit des groupes se former pour franchir les lignes d'investissement sans réfléchir à l'impossibilité d'un tel effort. Rabissac le premier avait essayé un ralliement sérieux, et tous ces désespérés ne voulant rien entendre, se seraient fait tuer sans marchander. Puis un apaisement se fit, douloureux, par l'abattement général qui suivit, par la difficulté de l'esprit à croire à cette triste réalité, unique dans l'histoire : 180,000 hommes d'excellentes troupes livrés contre leur volonté, sans une sérieuse tentative de trouée réclamée par tous.

Il fallut partir !

Les plaintes amères, les accusations graves contre les grands chefs recommencèrent, accompagnées de gestes vifs, menaçants. Pourquoi un conseil de généraux n'avait-il pas décidé de nous sortir de cette impasse ? Bazaine les en avait empêchés, paraît-il. Ah! toujours cette discipline qui repousse l'initiative des subalternes malgré la logique, la certitude du succès! L'obéissance passive prime tout.

Pour mieux déguiser sa trahison, conçue depuis longtemps, l'infâme Bazaine avait simulé une résistance qui s'était manifestée en sorties inutiles, désastreuses. Par ce subterfuge inhumain, il nous avait réduits aux plus dures privations, voisines de la famine. Son hypocrisie fit doubles victimes : celles des champs de bataille et celles de la captivité.

Depuis huit jours, nous avions appris par nos avant-postes cette capitulation honteuse. Comme d'habitude, des hommes, poussés par la faim, s'étaient aventurés dans les champs, en dehors des lignes, pour ramasser des pommes de terre ou d'autres légumes forcément abandonnés par les cultivateurs. Quelques coups de fusil s'échangeaient pendant cette maraude faite à quatre pattes, à plat ventre, pour échapper au danger. Quelques-uns même narguaient l'ennemi, lui faisaient des gestes drolatiques de moquerie facétieuse.

Un matin, ce fut un étonnement de n'être pas inquiété. On s'enhardit, on s'avança plus nombreux, à plusieurs reprises, et les Prussiens ne tirant plus s'amusèrent, par surprise, à faire quelques prisonniers. Conduits au camp ennemi avec égard, ils furent stupéfaits d'être bien accueillis, regardés comme de pauvres diables intéressants. Chargés de vivres et de tabac, après avoir été interrogés, raillés gentiment, ils furent renvoyés au camp français. Leur souffrance allait finir. « Dans huit jours, Metz caput! » ajoutèrent les Prussiens en riant...

Cela expliqua pourquoi, depuis quelque temps, les sentinelles ne ripostaient plus à notre fusillade. Cette annonce avant la lettre de la reddition de Metz confirma nos doutes sur la conduite louche de notre commandant en chef. Aujourd'hui, la trahison était bien établie; nous allions en subir les terribles conséquences.

Nous quittâmes notre campement le 29 octobre au matin avec une immense tristesse, un immense découragement.

La pluie tombait mouvementée et fine; le vent était fort. Un brouillard semblait étendre, en signe de deuil, son voile brumeux sur Metz et la vallée de la Moselle. Le drapeau français flottait encore sur la cathédrale d'où les Prussiens n'avaient pu le retirer. Sur tous les forts, à l'aspect imposant et majestueux, le drapeau ennemi avait été arboré. Le calme, la tranquillité, la tristesse étaient partout. Par habitude, l'œil cherchait encore les flocons de fumée aperçus au loin, chaque matin d'escarmouche. On ressentait l'impression pénible d'une grande catastrophe car tout semblait anéanti et lugubre. Comme au réveil d'un cauchemar affreux, les yeux étaient attristés, indécis dans leur trouble; le cerveau restait opprimé, atrophié par cette capitulation qui nous tuait moralement.

A droite de la route, les officiers français étaient rangés, képis bas, les yeux humides, l'air navré et grave. En face, les vainqueurs. Comme un troupeau nous défilâmes, abattus, honteux, les mains vides, le regard attristé tourné vers nos chefs. Des sanglots partaient aux poignées de main d'adieu, aux encouragements des officiers. On s'embrassait, désolés, tandis que les Prussiens, émus dans leur victoire, rendaient dignement le dernier salut aux débris des troupes qui les avaient toujours vaillamment combattus. Un long convoi funèbre de corps affaiblis, maigris, passa sous le ciel gris, sous les yeux des paysans inquiets de l'avenir.

Cette séparation fit presque oublier nos peines, nos ressentiments ; nous savions d'ailleurs que nos chefs directs n'étaient pas les vrais coupables. Notre cœur s'ouvrit au pardon, à la réconciliation.

Plus tard, la pluie cessa, le temps s'éclaircit. Dans toutes les directions, des phalanges de prisonniers se dirigeaient vers la Prusse par des routes différentes. Chaque pas, chaque endroit rappelait un souvenir. Nous marchions lentement, en désordre, arrêtés souvent par des à-coups et flanqués de Prussiens le fusil chargé. Aux portes de la ville, le spectacle devint attendrissant.

A la nouvelle de la capitulation, des habitants de Metz, des environs, jusqu'à Nancy, étaient accourus pour retrouver leurs enfants, leurs amis dont ils n'avaient pas eu de nouvelles depuis le blocus. La direction de chaque corps d'armée ayant été donnée, ils s'étaient portés en masse aux points du parcours. Ils attendaient là depuis des heures, le cœur palpitant, le regard anxieux.

Quelle cohue ! quel tumulte ! Les yeux fouillent partout en des mouvements de tête précipités, au milieu des poussées et des heurts. Des bras se lèvent avec des cris, des appels quand s'annonce une figure de connaissance. On fend la foule, on supplie pour passer. Dès l'approche de la personne aimée, on s'étreint, on s'embrasse, pleurant de joie, heureux de se revoir. Mais que de déceptions, que de larmes de douleur aux interrogations sur des camarades disparus !

Ces embrassades, ces recherches fiévreuses finissent par ralentir la marche de la colonne. Les Prussiens repoussent la multitude, nous bousculent en criant de leur voix rude : « Vorwärts ! Vorwärts ! » (en avant ! en avant !). Impossible d'avancer ! On reste là. Les parents, les amis ont le temps de causer, de se renseigner, de donner quelque argent pour le long voyage. Certes, ils pressentent la captivité pénible et malheureuse, mais ils s'en consolent, puisque la balle, l'obus ou les privations n'ont pas pris leurs

Les habitants des environs étaient accourus. (Page 42.)

enfants Mais où vont ils ?... Personne ne le sait ! N'importe, on s'écrira souvent pour dissiper toute inquiétude. D'ailleurs, ils reviendront bientôt, car tout le monde croit la paix prochaine après une reddition aussi extraordinaire qu'incroyable.

J'eus beau dévisager ces attitudes expectantes, je ne vis pas ma mère, ni personne de ma connaissance. J'eus peur, bien qu'en une telle agglomération humaine, il fût difficile de tomber juste sur le visage vivement désiré. Enfin une voix de femme m'appelle ; c'est une amie de ma famille. Elle a retrouvé son fils et m'apporte des nouvelles. Toujours souffrante, ma mère n'a pu venir. J'apprends ses tourments, sa maladie, ses efforts pour se rendre chaque jour à la gare voir si je suis parmi les prisonniers, les blessés transportés en chemin de fer. Elle y passait des journées entières, regardant toujours, interrogeant vainement, et prenant sur place une légère nourriture pour ne pas quitter son poste d'observation. D'autres femmes étaient là, très nombreuses, espérant toujours, puis rentrant désolées devant l'absence prolongée de l'être cher. Cependant, elles ne se lassaient pas ; elles persistaient dans leur entêtement de mère à vouloir compter sur le hasard. Et le lendemain, elles reprenaient leur place habituelle dans l'attente d'une journée meilleure.

Je fus soulagé, heureux, car maintenant ma mère se rétablirait sans doute plus vite en apprenant que j'existais encore, qu'elle recevrait bientôt une longue lettre de moi, à notre premier séjour.

Notre conversation ne put durer longtemps ; il fallut repartir sous la pression brutale des Prussiens.

Dans la foule, les mains agitèrent des mouchoirs, des cannes, des chapeaux et des parapluies, ou esquissèrent des gestes d'adieu auxquels se mêlaient des appels, des souhaits. Le flot des vaincus continua de passer, monotone, comme un interminable cortège de deuil.

Enfin, on arriva au *Camp de la Boue*, à quelques kilomètres de Metz. On campa après avoir pataugé plusieurs heures dans la boue, manœuvré difficilement aux commandements des Prussiens qui faisaient exécuter des mouvements qu'on ne comprenait pas. Leur brusquerie redoubla.

Les quelques soldats français qui, se croyant plus libres depuis quelques jours, refusaient d'obéir à leurs chefs, les insultaient même, furent les premiers à subir sans riposte la tyrannie du vainqueur. Ils savaient qu'ici l'insubordination, la mutinerie étaient sévèrement réprimées. Ils cédèrent.

Les terres glaiseuses de ce funeste emplacement, détrempées par les pluies fréquentes de septembre et d'octobre, offraient une grande résistance à la marche. Les souliers s'engluaient profondément, et dans l'effort tenté pour se dépêtrer, les sous-pieds des guêtres s'arrachaient, laissant les chaussures dans la terre. On était alors obligé de marcher pieds nus, les godillots à la main.

Au loin, en certains endroits, près des feuillées, de pauvres diables épuisés par les privations et les maladies moururent sur place, les jambes enfoncées de plus de cinquante centimètres dans cette boue tenace d'où ils ne pouvaient sortir. Ils étaient tombés dans un suprême effort, se débattant vainement, comme attachés au sol par un lien invisible. Leurs cris faibles de désespérés ne s'entendaient pas toujours ; leur embarras se devinait plutôt à leur attitude. Mais quand les secours arrivaient, il était trop tard. Les sauveteurs éprouvant les mêmes difficultés n'avançaient que lentement, et les agonisants succombaient peu à peu aux suites de leur faiblesse générale.

Bientôt on donna quelques vivres, mais la privation avait été si dure, que la ration de pain fut insuffisante à contenter notre appétit. Nous avions tous quelque argent économisé forcément et auquel était venue s'ajouter la répartition de la somme de l'ordinaire faite la veille.

De tous côtés, des groupes se précipitèrent sur les voitures des marchands suivant l'armée ennemie ; elles furent envahies, dévalisées presque. Les Prussiens durent intervenir en armes, former un cordon de forces autour des véhicules. Les denrées s'enlevaient, se vendaient à la criée, au plus offrant, tout le monde ne pouvant être satisfait. On dépensa largement. Un pain de deux livres fut acheté cinq francs et le reste à l'avenant, en proportion de la voracité des appétits. Tout cela se dévorait sur place, sans retenue, avec une fringale d'affamés. Beaucoup ne purent rien avoir, l'approvisionnement ayant été acheté en un clin d'œil, à des prix exorbitants. Alors les uns trafiquèrent, cédant avec usure une partie de leurs produits. Il se dépensa ainsi des sommes folles.

Les bidons s'emplirent d'eau-de-vie médiocre ; on but outre mesure, essuyant la risée, les lourdes plaisanteries des Prussiens protecteurs auxquels les marchands généreux offraient gratuitement des saucisses, des tonnelets de bière. L'estomac n'eut pas la force de supporter de pareils excès. Les uns tombèrent ivres-morts ; d'autres ressentirent plus tard les conséquences de cette gloutonnerie bien excusable.

O ! le goût exquis que je retrouvai à ma première bouchée de pain ! Après l'amertume des désespoirs, des défaites, ce fut une sensation de bien-être, un plaisir de vivre inespéré. Tout me parut bon en ces produits douteux cependant, et je compris mieux l'avidité des malheureux subissant le contre-coup de la disette. Les yeux s'agrandissaient de joie, les mâchoires n'allaient pas assez vite, et les dents semblaient mal aiguisées pour se régler sur l'exigence de l'appétit.

Une fois reposé, j'examinai les alentours composés de plaines et de bois.

La splendeur de l'automne m'attira. Même dans les moments les plus difficiles, mon œil s'est toujours arrêté avec bonheur sur les aspects nouveaux, sur la nature environnante. L'attraction était irrésistible, nécessaire. Je jouissais pleinement de l'impression fugitive qui m'isolait un instant du bruit de la mitraille, du souci d'être bientôt, peut-être, une de ses victimes.

Je me dirigeai vers un boqueteau assez éloigné qui me parut tranquille, peu fréquenté.

La gamme flamboyante des ors, des roux, des ocres et des pourpres s'harmonise aux verts sombres des sapins, aux verts passés ou grisâtres des essences vivaces. C'est un enchantement de la vue, un réveil pour l'esprit. Ces arbres dépouillés, dont les feuilles jonchent la terre comme des cadavres après la bataille, ne sont ni des vaincus, ni des mourants, comme nous. Ils restent la tête haute ; ils résistent à tous les vents. Leur force n'est pas éteinte : elle se retire simplement vers la terre pour y puiser de la vigueur et mieux soutenir le dur combat de l'hiver. Dans quelques mois, elle jaillira plus puissante en une sève bienfaisante qui s'élèvera pour régénérer les branches, préparer le feuillage du prodigieux décor de la nature. Nous autres, au contraire, nous laissons nos morts et nos blessés sans espoir de devenir plus forts pour la

Me frappant plusieurs fois sur l'épaule. (Page 51.)

lutte prochaine. Nous rentrons dans le néant pour un temps que nous ignorons. Et qui nous garantira l'existence d'ici là ?... Quel sera notre régénérateur ?...

Je m'abîmais dans ces réflexions, lorsque je me trouvai tout à coup en présence d'un général prussien, grisonnant un peu, la taille imposante. Je m'arrête et je salue. Le général voit mon étonnement et m'adresse la parole. Sa voix est douce ainsi que le regard de ses yeux bleus ; sa figure maigre et fine plaît ; son air est respectable.

Me trouvant bien jeune, il m'interroge paternellement sur mon âge, mes parents, mon passé. Avec beaucoup de tact, il pousse son aimable curiosité jusqu'à me demander l'impression générale des Français sur l'issue fatale de la guerre. Puis il s'empresse de rendre hommage à notre grand courage et nous plaint de n'avoir pas eu un sort plus digne, plus mérité.

Sa franchise, sa bonhomie me firent sortir de ma réserve. Je dis ponctuellement, amèrement, la vérité, c'est-à-dire, l'imprudence d'une déclaration de guerre que tout le monde réprouvait et pour laquelle nous n'étions pas prêts. Puis, le manque d'approvisionnements, la trahison de Bazaine, l'incurie de tous...

— C'est juste, mais vous allez un peu loin pour la trahison. Il y a longtemps que nous nous préparions. Il faut voir dans la conduite du maréchal des projets politiques plutôt ! Pensez donc, trahir, pour un soldat, c'est le plus grand des crimes !...

Je vous plains ; la France est une grande nation…

— Mais quel désastre aussi ! On se relève difficilement de ces coups-là, mon général, répondis-je attristé.

— Ça ne fait rien, répliqua-t-il en me frappant plusieurs fois sur l'épaule, la France sera toujours la France !

Malgré ce cliché de mélodrame, je me sentis si ému que j'aurais embrassé ce noble cœur étranger qui savait trouver un mot de consolation pour un humble soldat. Mes yeux se remplirent de larmes ; je restai muet.

Alors il me tendit la main avec une simplicité cordiale en me disant encore :

— Courage, mon enfant, courage !

Nous nous séparâmes.

Le jour baissait, la fraîcheur augmentait ; un linceul planait maintenant sur la campagne. Des feux brûlaient, clignotaient, d'où montait une petite fumée bleuâtre. Le camp préparait son repas.

Quand j'arrivai près de ma compagnie, Rabissac me dit :

— Eh bien, fourrier, d'où venez-vous donc ? Je vous croyais pris dans cette boue maudite ! Asseyez-vous ; votre gamelle vous attend.

Je racontai mon aventure. Elle surprit, car la conduite du général contrastait trop avec le ton hautain et dur des officiers allemands.

Grâce aux extras achetés aux marchands ambulants, notre dîner parut meilleur, comparativement à la nourriture des précédents jours. Heureusement notre cuisinier resté fidèle, obéissant, poli malgré notre défaite, continua de nous soigner selon ses capacités. Il ne s'était pas laissé gagner par cet esprit de violence qui avait soufflé brusquement et réveillé les mauvais instincts. D'ailleurs, depuis le matin, les insubordinations, les révoltes, les insultes grossières furent si nombreuses que les Prussiens durent intervenir et proclamer que les inférieurs ne devaient pas cesser d'être respectueux, obéissants envers leurs supérieurs. Des punitions graves, conformes à la discipline allemande, seraient sévèrement infligées.

L'ordre s'établit au point que de bons soldats, indignés, prirent la défense des outragés.

La température est froide. Des feux s'allument de toutes parts autour desquels on s'assied en rond. Toute la nuit des colonnes arrivent. On cause, on fume ; certains dorment la tête dans les mains, les coudes appuyés aux genoux. Faute de paille, de feuilles d'arbres, il a été impossible de monter les tentes. Il eût fallu coucher dans la boue. Quelques hommes ont pu étaler des échalas par terre et s'y étendre. Cependant plusieurs se résignent, dressent leur abri et s'y installent de leur mieux. Le froid les fait bientôt sortir; ils s'approchent difficilement des brasiers où l'on est entassé maintenant, où chacun défend sa place avec ténacité.

Des groupes sont forcés de créer un feu nouveau; mais le bois manque au bout de quelques heures : alors des hommes se détachent pour aller en chercher. L'approvisionnement environnant s'épuise vite, les flammes diminuent d'intensité. Le cercle se resserre de plus en plus; les expectants épient avec impatience les soldats envoyés en corvée à tour de rôle. Ils espèrent les remplacer au foyer, mais les places sont gardées avec force. Des disputes éclatent suivies de voies de fait.

Dès qu'on ne trouve plus de menu bois, on s'attaque aux arbres de la route. Plusieurs hommes abattent avec des hachettes de superbes peupliers ou de jeunes troncs. Leur activité devient d'un vandalisme révoltant. Certes, il faut se chauffer, mais mon cœur saigne en voyant tomber ces géants, presque inutilisables puisque le bois est vert, fume sans cesse et pique les yeux. Cela ne fait rien! On en apporte toujours. Des arbres tout entiers sont amenés dans le feu. Parfois on essaie de les fendre, de les apprêter sans se décourager. Devant ce massacre, l'indignation se manifeste çà et là. Pourquoi saccager ainsi nos routes, leurs beaux ombrages si chers aux voyageurs, au pauvre qui chemine? L'élégie de Ronsard *Contre les bûcherons* me revient en mémoire ; je m'entends encore la réciter en classe :

> Escoute, bûcheron, arreste un peu le bras ;
> Ce ne sont pas des bois que tu jettes à bas :
> Ne vois-tu pas le sang lequel dégoutte à force,
> Des nymphes qui vivoient dessous la dure escorce ?
> Sacrilège meurtrier, si on pend un voleur
> Pour piller un butin de bien peu de valeur,
> Combien de feux, de fers, de morts et de détresses
> Mérites-tu, meschant, pour tuer nos déesses ?

. . . .

Nos plaintes sont vaines ; des voix nous répliquent :

« Faut-il donc mourir de froid !...

Et les Prussiens rient de ce massacre, s'amusent de l'agilité, de l'adresse de nos soldats.

Le froid augmente, le brouillard est pénétrant, les feux, moins clairs, ne chauffent pas suffisamment, semblent des yeux affaiblis, clignotant dans l'obscurité. La fumée du bois vert s'épaissit ; il est impossible de tenir plus longtemps là. Les moins durs s'en vont, se promènent, puis, vaincus par la fatigue, se décident à reposer sur la terre boueuse.

La nuit fut glaciale.

Tout à coup, je m'éveillai, ressentant une vive douleur aux pieds. Les longues marches, le dos chargé de soixante kilos, m'avaient fait beaucoup souffrir. Je ne sais définir ce mal, sorte de fourmillement poignant qui m'arrache des cris. J'essaie de me lever, je ne puis tenir sur mes jambes ; sitôt que mes pieds touchent la terre, une sensation de brûlure intense augmente ma souffrance et mes plain-

La plupart pris et fusillés séance tenante. (Page 57.)

tes. J'ai honte de ne pouvoir les retenir. Rabissac, aidé d'un soldat, vient à mon secours, me déchausse et veut, malgré moi, m'approcher de quelque brasier encore vif. La douleur devient atrocement intolérable ; je croyais mourir. On m'éloigna alors sans savoir dans quelle position me placer, toutes me faisant souffrir. Mes pieds furent enveloppés dans des linges, puis je bus un peu d'eau-de-vie chaude. Je passai le restant de la nuit dans un état de surexcitation pénible.

Et pas un médecin ! Partout des Français qui meurent de dysenterie, de faiblesse par ce froid terrible.

Le lendemain, j'ai de la peine à marcher. Je m'efforce cependant, car nous quittons ce *camp de la Boue*, à jamais fameux par les malheurs qu'il a causés. Nous y laissons quantité de morts; des voitures pleines de malades emportent les plus abattus, perdus à jamais. Mon sac est mis sur une voiture dans laquelle je m'assieds de temps à autre. Et nous voilà partis vers la frontière, repassant par des endroits connus après notre défaite de Forbach.

Les villages sont d'une tristesse morne. Les paysans se pressent sur notre passage et ne peuvent nous vendre les vivres et la boisson que nous leur demandons. Les réquisitions ont tout épuisé. Cependant, à quelques kilomètres de la Prusse, des voitures pleines de provisions, venues de différentes directions sont vidées en peu de temps. Leurs conducteurs nous disent tout bas qu'ils ont caché des habillements de cultivateurs; il les distribuent adroitement à ceux qui veulent tenter de fuir. Quelques soldats s'arrêtent sous un prétexte quelconque, se faufilent dans les bois où ils se déshabillent et réussissent à se sauver. Quelques-uns même conservent leur tenue militaire. Mais la plupart sont pris, fusillés séance tenante, sur le bord des fossés, pour faire des exemples. Depuis, les traînards, les éclopés furent menés à coups de crosse; personne ne se risqua plus.

Ces exécutions sommaires et brutales serrent le cœur; nous manifestons bien haut l'horreur d'un tel abus de la force, mais les Prussiens colères menacent davantage, se montrent plus redoutables.

Ma conscience se révoltait de voir que des soldats avaient le droit de disposer aussi facilement de la vie d'un homme!

Nous arrivâmes en Prusse.

Peu avant, les yeux cherchaient avec peine le poteau de délimitation; une gêne nous saisit comme si un nouveau malheur devait nous atteindre. Ce mot de frontière avait pour moi une signification étrange, douloureuse; je l'entrevoyais comme quelque chose de sacré, de grandiose. Croyance d'enfant, peut-être, il me semblait qu'il devait y avoir une séparation bien marquée de nature.

La réalité détruisit ma fiction.

Une tristesse générale raviva notre douleur. La colonne s'arrêta quelques secondes face à la France, képis bas, avec un salut attendrissant du regard. Longtemps encore on se retourna, résigné à son sort, interrogeant l'espace abandonné.

L'interminable convoi continua sa route, sans connaître sa destination, sans savoir pour combien de temps il serait tenu éloigné de la patrie.

Le pays traversé est beau, les habitations ont l'aspect des maisons de Normandie avec les chevrons en bois de leurs murs blancs. Les habitants sourient à notre passage, adressent quelques mots flatteurs aux soldats de notre escorte, ou nous insultent avec le concours des gamins acharnés. Les Français les plus osés ripostent en langage de caserne, en gestes indécents qui nous font rire, tandis que les curieux hébétés, se tiennent cois ou recommencent de plus belle leurs propos outrageants.

Chaque jour maintenant l'étape est plus longue, mais les Prussiens ne bousculent plus les retardataires, les fatigués. Ils les laissent plus libres parce qu'on est en Allemagne et dans l'impossibilité de se sauver. Il faut même marcher la nuit. Les routes sont belles, le paysage superbe en cette admirable vallée de la Sarre qu'éclaire une lune magnifique. La splendeur des sites nous fait circuler en pleine féerie, attire l'âme vers le rêve. L'œil et l'esprit toujours en éveil font oublier la fatigue. Nous rencontrons d'autres colonnes de prisonniers; on est heureux de se voir, de reconnaître quelques amis ou des soldats du même régiment. Dans la route, depuis le départ de Metz, tout s'est disloqué; quelques-uns ont même quitté leur compagnie pour suivre un autre détachement. Le même fait se reproduit ici; certains tout en causant se laissent entraîner, se perdent au milieu de la foule et ne retrouvent plus les camarades du départ.

Aux premières haltes des villages, on se précipite pour acheter quelque boisson, quelque nourriture; c'est une occasion pour changer la monnaie française. Les Prussiens aiment notre or et nous repassent leurs thalers, leur petite monnaie sans se gêner de nous tromper, profitant de notre ignorance. Des officiers même sont heureux de faire cette opération; ils serrent en souriant nos pièces d'or dans une longue bourse.

Nous passons par Sarrelouis, Trèves, Aix-la-Chapelle; plus loin nous sommes entassés en chemin de fer, dans des wagons à bestiaux, à charbon, non couverts. Les trains se suivent circulant jour et nuit, et nous sommes engourdis par le froid, frissonnants de fièvre et mal nourris. Sous le ciel remarquablement étoilé, nous admirons les aspects si variés et toujours beaux, malgré la rosée pénétrante, malgré nos fatigues.

Nous arrivons à Cologne où le train s'arrête sur

un pont magnifique comme pour nous faire admirer la beauté de la ville, de sa cathédrale et du Rhin. Puis nous repartons vers l'inconnu, car on ignore toujours notre point de destination.

Les jours, les nuits sont aussi douloureuses. Le trajet s'allonge continuellement ; nous constatons à peine les changements de nature. Enfin on nous dit que nous sommes à Potsdam, dont nous n'apercevons pas grand'chose. Nous filons maintenant sur Berlin. On se secoue, les souvenirs s'éclaircissent et ce nom si légèrement crié par le chauvinisme français éveille en nous une immense tristesse.

CHAPITRE III

L'entrée à Berlin

Nous y arrivons l'après-midi. Après notre descente de wagon, on nous entasse sur une grande place pleine de monde, bruyante. Nous sommes étourdis, brisés, sales et mal vêtus. La foule se presse, s'approche et nous regarde comme des bêtes curieuses. Je me sens mal à l'aise. Je lis sur ces visages une rancune déjà vieille, de la haine à peine contenue; j'entends des murmures, des menaces, des expressions de mauvais goût contre les vaincus. Mon regard se détourne vers la partie de la ville que nous apercevons et qui me semble triste par l'aspect de ses maisons de briques sombres. Une statue équestre est là près de nous; je n'ai pas le temps d'en lire l'inscription : on me bouscule pour me faire rentrer dans le rang. Je crois à un départ prochain, mais on nous laisse là, et le désordre réapparaît dans les groupes car l'agglomération des curieux augmente, s'avance et nous enveloppe.

Ils examinent notre tenue, et font des réflexions. Leur curiosité m'est pénible; je m'efforce malgré ma faiblesse d'avoir une attitude digne, imposante. Quand ils apprennent que nous sommes de l'armée de Metz, le désir de nous interroger les rend plus audacieux. Des messieurs très convenables risquent quelques mots de français, d'autres sont heureux de rencontrer des Alsaciens qui répondent en leur patois allemand. Ils se renseignent sur les grades dans l'armée française, sur la signification des galons, des différentes tenues. Tout les intéresse; les privations du siège, notre courage qu'ils connaissent bien maintenant, les touche même. Ils l'expriment poliment, ils nous plaignent, nous consolent, et nous assurent que nous serons bien traités en captivité. Quelques-uns offrent timidement de l'argent, des cigares, que beaucoup d'entre nous refusent.

Nous restons longuement sur cette place sous les yeux braqués de la foule qui grossit toujours et chante bientôt des airs patriotiques en une animation presque sauvage.

Dans cette confusion humaine, notre détachement fut disloqué: des convois déjà mêlés à d'autres furent dirigés sur différents points au delà de Berlin, vers l'est. Des séparations avaient déjà eu lieu pendant notre itinéraire; une partie avait été laissée à Coblentz, à Magdebourg. Je me trouvai seul, séparé des camarades. Beaucoup d'hommes de ma compagnie s'étaient aussi dispersés, faufilés parmi des amis, des connaissances d'un autre détachement rencontré au moment de son embarquement précipité.

Cet isolement me fit craindre de passer une captivité plus monotone. J'appréhendais l'étude de nouveaux caractères, la recherche de sympathies toujours difficile et souvent malheureuse. Tout en y pensant, j'allai d'un groupe à un autre, questionnant, cherchant des yeux dans la bigarrure des uniformes français.

Je fus saisi de notre air piteux. Chez tous, la barbe et les cheveux avaient poussé librement. Celui-ci les portait d'une façon, celui-là d'une autre. Sur plusieurs apparaissaient les coups de ciseaux inexpérimentés donnés à la hâte pour atténuer ce désordre. Ce manque d'uniformité involontaire enlevait à la physionomie la caractéristique militaire exigée par les règlements, donnait un air de soldat d'occasion. Mal chaussés, mal habillés, le linge de corps défectueux, le teint blême et jaunâtre, nous étions des guenilles vivantes.

Encore imberbe avec mes dix-neuf ans, ma physionomie n'avait pas subi une grande altération. Grâce à l'eau de mon bidon, renouvelée aux arrêts de la colonne, il me fut facile de procéder chaque jour à une toilette sommaire. Cependant mes cheveux plus longs me faisaient ressembler à un lycéen qui n'a aucun souci de sa toilette.

Certainement, cet aspect général diminuait notre renommée de soldats cocardiers. Mon orgueil en souffrit; j'eusse voulu que l'attitude et la tenue fussent à la hauteur de notre vaillance indiscutable. Orgueil de jeune homme, sans doute, mais aussi inquiétude de vaincu pour la considération de son pays.

Tout à coup, une poussée se fait sentir ; on nous ordonne de marcher en rang. Chacun se presse, pour éviter les bourrades des Prussiens. Des rumeurs, des cris se font entendre ; la foule veut voir de plus près, résiste aux cordons de troupe. De chaque côté, des Prussiens armés nous accompagnent dans ce triste défilé à travers leur capitale. La population est en émoi ; aux fenêtres des maisons pavoisées, les têtes s'agitent avec les bras. Un cri de colère est lancé, d'autres suivent par l'esprit d'imitation spontanée et souvent imbécile qui domine, affole les masses. Les impulsions aveugles surgissent avec les injures, les malédictions, les menaces de poings levés de cette populace en délire. Aux hourras formidables, éclatant des bouches méchantes, se succèdent les chants patriotiques qui incitent les plus timides au déchaînement de leur vengeance ridicule. Ce grondement formidable devient effrayant. Des pierres, toutes sortes d'objets sont lancés sur nous, blessent quelques Français, tandis que nos gardiens ne tentent rien pour nous protéger. Parfois, j'ai peur de cette foule hostile et grossière dont les cris semblent plus profonds venant de leurs poitrines d'hommes du Nord.

Les pierres et les insultes continuent de jaillir. Malgré notre sort, nous redressons la tête, l'œil vigoureux, en signe de mépris et d'acceptation hautaine de leurs lâches attaques. La colonne est bientôt envahie, arrêtée dans sa marche. Effarés, ivres d'orgueil par les annonces des victoires récentes, les soldats prussiens nous poussent brutalement à coups de crosse aux applaudissements des curieux.

Cependant, soit que la composition de la multitude, à un point, fût plus choisie, soit par humanité, par pitié, un courant contraire surgit, sympathique à notre égard. Les oranges, les petits pains, les pièces de monnaie se mêlent aux pierres des barbares. Des gens s'avancent, les femmes surtout, pour nous offrir toutes sortes de présents malgré l'opposition des gardiens. Les hourras redoublent ; cette houle de têtes en remous est aux prises avec les sentiments les plus divers.

Les cœurs d'élite se montrent toujours aux moments les plus difficiles. Distinction utile qui permet de reconnaître que tous les êtres ne se ressemblent pas, n'obéissent pas à la poussée de l'instinct aveugle des hommes primitifs.

Des Prussiens armés nous accompagnent. (Page 64.)

Cette attitude nouvelle nous fait plaisir; mais nos gardes vexés se fâchent contre ces mains généreuses, contre ces bonnes âmes en désaccord avec la conduite du peuple allemand. Des scènes

Devant la folie de son intention, je résiste. (Page 68.)

de désordre ont lieu; on en vient aux coups. Mais les partisans de la guerre ont le dessus.

L'agitation et les clameurs deviennent effrayantes.

Toujours bousculés, nous arrivons enfin devant un long train qui doit nous emporter tout à l'heure nous ne savons où. Arrêtés, face aux véhicules, nous restons surpris de voir un chemin de fer en pleine rue, sans clôture. Ce stationnement ne calme pas les rumeurs; les plus humains tentent à nouveau de s'approcher, de nous témoigner quelque sympathie sans se soucier des menaces des Prussiens.

Dans une pression vigoureuse, quelques-uns d'entre nous se trouvent mêlés à la foule. Tandis que je remercie un bourgeois auquel je refuse des cigares qu'il me présente, une jeune femme, grande et jolie, bien mise, s'avance vers moi, heureuse d'entendre parler sa langue par un Français.

— Vous parlez allemand, Monsieur! Venez, je veux vous sauver! dit-elle vivement. J'aime beaucoup la France.

— Impossible de fuir devant cette foule furieuse; merci de votre bon cœur, répondis-je vivement.

— Je suis riche, ne craignez rien. Venez; je vous cacherai sous mon manteau.

— Je n'ose pas...

— Venez, gentil Français.

La confusion régnait encore. L'inconnue me presse les mains nerveusement, m'attire vers elle avec force, la bouche et les yeux souriants.

Devant la folie de son intention, je résiste, mais

les larmes lui viennent aux yeux ; elle supplie avec une tendresse qui m'émeut. Brusquement, elle ouvre sa grande pelisse fourrée, m'en enveloppe rapidement et m'entraine dans sa marche. Aussitôt une main lourde s'abat sur moi, m'arrête : c'est un soldat prussien qui me ramène brutalement me menaçant de mort, et insultant sa compatriote de témoigner tant de bonté à un Français.

Pendant cette courte scène, le détachement s'était placé dans le train, où le Prussien me conduit brusquement vers une portière ouverte. Croisant la baïonnette, il me dit qu'il me la passera au travers du corps si je tente de descendre, de m'esquiver encore. Et pendant que je monte dans le compartiment, il me pousse fortement et me fait tomber à plat ventre. Des Français indignés protestent contre sa brutalité. A son appel, d'autres Prussiens arrivent, veulent passer les révoltés par les armes.

Mais le train se met en marche lentement, précédé d'un bonhomme qui agite une grosse cloche devant la locomotive pour prévenir les passants et tenir la voie libre.

Je me risque à la fenêtre afin de revoir cette affectueuse Allemande si compatissante qui aurait voulu me délivrer de la souffrance de l'exil. Je l'aperçois agitant son mouchoir, m'envoyant des baisers. Après le signe d'adieu que je lui fais vivement, mon Prussien me pique le bras d'un coup de baïonnette; je me retire aussitôt.

Sur le nouveau parcours, les cris redoublèrent suivis de jets de pierres. La population enragée se montra lâche, haineuse jusqu'au bout. Dans l'impuissance de nous défendre, des accès de colère, l'idée de vengeance s'éveillait en nous, exaltait notre raison.

Enfin, le train quitta la ville. Ce fut un soulagement, un apaisement nécessaire. Nous restâmes longtemps sous l'impression de cette réception caractéristique que nous appelâmes, par dérision, la conduite de Berlin.

Je pensai souvent, avec émotion, à la générosité de cette étrangère.

CHAPITRE IV

La Forteresse

Nous arrivons en pleine nuit dans une ville fortifiée, K..., à vingt-cinq lieues de Berlin. Il fait sombre et très froid ; l'aspect de la forteresse paraît plus sinistre à la lueur des torches qui éclairent l'espace, les groupes de soldats attendant leur répartition dans les chambrées et les casemates.

Nous sommes contents de voir notre course terminée ; nous allons enfin nous reposer de nos fatigues, de nos malheurs.

D'autres prisonniers français, ici depuis quelque temps, nous aident cordialement à nous installer, à préparer notre lit composé d'une paillasse et d'une couverture. Chacun retrouve des figures de son régiment, est heureux de pouvoir causer des camarades disparus, éloignés, et d'apprendre des événements qu'on est surpris de n'avoir pas sus plus tôt.

Après un maigre souper, nous nous couchons. Le sommeil me vient difficilement; j'ai l'esprit hanté de cauchemars, de rêves pénibles.

Le lendemain et les jours suivants, des malades furent transportés à l'hôpital.

Vingt-cinq pour cent de l'effectif de l'armée de Metz succombèrent aux suites des maladies dues aux fatigues, aux privations du siège.

Près de l'arsenal, les prisonniers occupaient un bastion, sorte de grand hangar, aux murs épais, éclairé faiblement du côté de la ville. D'autres, installés dans les casemates, en bas, ne voyaient le jour que lorsqu'ils sortaient dans l'espace laissé libre entre les talus et le bâtiment.

Le matin et l'après-midi, après l'appel des hommes, se passaient au travail sur les remparts. Quand il faisait un froid excessif (ce qui n'était pas rare puisque la température variait de — 18° à — 33°!); les malins, les chétifs et les frileux se faufilaient adroitement le long des murs puis allaient se cacher sous les couvertures. Peu après les Prussiens venaient les dénicher brutalement, ou riaient de la farce. Les prisonniers qui voulaient carotter jusqu'au bout s'écriaient : « Krank ; krank! (malade! malade!) » Cela réussissait quelquefois ; mais

Les uns payaient, les autres se plaignaient. (Page 77.)

la ruse apparut, les malades étant plus nombreux chaque jour. Alors ils durent se rendre à la consultation du médecin, à l'hôpital de la ville. Quand leur cas était douteux, ou s'ils s'esquivaient sous un prétexte quelconque au moment du départ, les Prussiens les punissaient par des corvées très dures, de la prison même, à la première récidive.

Beaucoup se disaient indisposés pour voir la ville en allant à l'hospice. D'autres pour changer de local ou être un peu dorlotés, s'y faisaient admettre en simulant une affection presque impossible à constater. Ils en sortaient au bout de dix ou quinze jours, satisfaits d'avoir été soignés proprement, d'avoir repris quelques forces.

Les jours de repos ou de mauvais temps, on se réunissait pour jouer aux cartes, au loto, aux dames, au trictrac. Des bienfaiteurs avaient envoyé ces jeux qui nous furent d'un grand secours contre l'oisiveté. Les plus affectés, les plus indolents, dormaient constamment tandis qu'à côté d'eux des camarades groupés, allongés sur les paillasses, racontaient des épisodes de la guerre. Chacun rapportait ce qu'il avait vu dans son petit cercle d'observation et contribuait ainsi à faire connaître les diverses phases du combat, à former une histoire générale de la campagne.

On attendait ainsi le repas, l'heure de la *colle*.

Chaque jour nous mangions invariablement cette colle devenue légendaire parmi les prisonniers français. Un grand baquet, placé au centre de la chambrée, contenait cette invention gastronomique si chère aux Allemands. Chacun y puisait sa ration avec une gamelle ou un plat en terre qui servait aussi de cuvette.

Cette nourriture détestable était un mélange de farine, d'orge perlé ou de gruau, cuit à l'eau, sans graisse ni beurre. Son goût fade, désagréable, et son aspect gluant lui avaient valu le juste surnom de *colle*. Quelquefois on y ajoutait des pommes de terre. Cela semblait meilleur. Cependant, un pareil aliment était insuffisant pour rétablir nos estomacs délabrés. Mais il fallait vivre. Et si parfois il était délaissé, il fallait se rattraper sur la briquette de pain noir et lourd, distribuée tous les trois ou quatre jours à chaque prisonnier. Si l'appétit persistait, si l'argent manquait, on revenait au pain avec plaisir.

Baptistou, un jeune auvergnat de vingt-quatre ans, très fort, gros et épais, mangeur surprenant, nous débarrassait des restants de colle. Atteint de boulimie, il vidait aisément au régiment quatre ou cinq gamelles de soupe. Pendant le siège, le malheureux avait maigri, s'était frippé considérablement.

Au fond, c'était un brave homme, plutôt à plaindre, et auquel chacun était heureux de faire plaisir, même sans exiger le moindre service.

Quand tout le monde était servi, on appelait Baptistou qui avait déjà mangé son plat plus grand que celui des camarades :

— Voilà pour toi, Baptistou, lui disait le distributeur.

L'Auvergnat le regardait en souriant niaisement. Il se baissait gauchement et mangeait le quart du baquet de colle.

Puis, il allait se coucher heureux, avec un balancement d'ours dans la marche. Il ne parlait presque jamais ; sa tête toujours triste et baissée semblait interroger son ventre énorme.

On s'habitua peu à peu à la colle ainsi qu'au lard écœurant et gras octroyé six jours de suite, en parts mesquines. Une seule fois par semaine, le bœuf apparaissait faiblement. Comme on regrettait alors la *portion ministérielle* de garnison !

Ceux qui avaient de l'argent pouvaient s'offrir un extra. Dans une baraque, adossée à un des murs du bâtiment, un marketender (cantinier) était installé et vendait des petits pains, de la bière et des cervelas.

Là, l'estomac se satisfaisait avec une gourmandise d'enfant, de malade privé longtemps de choses bonnes ou défendues par le médecin. Un ménage juif tenait la boutique, amassait gros sous sur gros sous. Ses prix, bien entendu, étaient majorés ; aussi ne se privait-on pas de lui jouer gaiement quelque mauvais tour se traduisant par une farce, une tricherie.

Généralement, le mari et la femme n'étaient pas ensemble ; ils se relevaient à tour de rôle.

Le mot était donné pour s'y rendre en nombre, pour renouveler les consommations. Tandis que les uns payaient, d'autres se plaignaient d'attendre encore leurs marchandises. Le marchand perdait la tête, servait rapidement en maugréant ; alors quelques-uns s'esquivaient, sans régler, heureux d'avoir roulé le bon juif.

A la réception d'une lettre chargée, on faisait ripaille chez le marketender. Des tonneaux de mauvaise bière se vidaient en avalant forcé petits pains et cervelas, à la grande risée des Prussiens habitués à se bourrer de pommes de terre et de lard rance. Plus tard, à la baisse des fonds, il fallait se restreindre, revenir à la *colle*. Nous nous donnions un peu de vigueur en buvant de l'eau-de-vie de grains, de betteraves ou de pommes de terre, de l'horrible *schnaps* jaune ou rouge, parfumé et coloré artificiellement, que nos gardiens apportaient en cachette, moyennant un pourboire.

On se fit à cette existence vide, loin des bruits de la guerre, loin des échos du monde. Aucunes nouvelles ne parvenaient jusqu'à nous, sauf celles de nos défaites annoncées avec ostentation. Et le terrible hiver nous retint plus longtemps enfermés, auprès d'un feu économique qui obligeait souvent à se chauffer dans une couverture. Alors chacun chercha à s'occuper, à tirer parti de ses talents. Des soldats brodèrent des pantoufles, tricotèrent des bas ou se livrèrent à des travaux de patience infinie. Celui-ci sculptait des pipes en bois qu'il vendait cher aux Prussiens et à bas prix à des Français; un autre retournait les pantalons, les capotes arrivés à un état d'usure pitoyable. Les plus débrouillards tentèrent tout.

Le soir, dans une des chambrées, on jouait la comédie, on chantait au grand ébahissement des gardiens qui riaient gauchement. Des artistes, parisiens bons enfants, blagueurs faciles, désopilaient l'assistance par leurs quolibets, leur bagout d'à-propos.

Tout en jouant, ils lançaient des balançoires, des brocards aux Prussiens, les invectivaient même en argot, tandis que ceux-ci se pâmaient par esprit d'imitation devant les manières et le jeu des acteurs.

Tous les soirs, les moqueries recommençaient; mais bientôt ces amusements furent interdits sous prétexte que nous faisions trop de bruit, trop de grimaces à nos gardiens. Il fallut se coucher de bonne heure, faute d'éclairage. Dès lors, une distraction nouvelle s'imposa.

Les contes nous dédommagèrent. Ceux de La Ramée ou autres aidèrent à faire supporter les longues heures d'insomnie. Comme en France, nous eûmes des contes de la chambrée commencés toujours par le fameux préliminaire connu de tous les soldats : « Cric!…|Crac!…Sabot!…Cuiller à pot…!

Sous-pieds de guêtres !... etc. En avant ! Arche ! »
Et le conteur partait. Quand il soupçonnait que le

Ordre était donné de nous occuper le plus possible. (Page 83.)

sommeil diminuait le nombre des auditeurs, il arrêtait brusquement son récit et s'écriait d'une voix forte :
— Cric !...

Et tout le monde de répondre, si l'on voulait entendre la suite :

— Crac!..

Et les histoires, les légendes, se déroulaient toujours amusantes, toujours bien acceptées par notre plaisir d'enfants, de grands ennuyés.

Un jour, des bruits de révolte générale circulèrent. Coblentz, Magdebourg, Glogau, Francfort-sur-le-Mein devaient se rassembler, désarmer les gardiens, puis courir à l'arsenal, aux magasins d'armes. Des plans étaient prévus, les difficultés calculées ainsi que les résistances.

Une concentration permettrait alors de terrifier, de révolutionner la Prusse.

Quelle anxiété à chaque jour d'attente !

Jolis projets à la réussite desquels nous crûmes longtemps, mais qui ne se réalisèrent jamais, hélas!

Les jours de travail aux remparts, nous nous dirigions en cachette vers une fenêtre grillée d'une chambre où des officiers français étaient internés parce qu'ils avaient refusé de donner leur parole d'honneur de ne pas s'évader. Dans quelques conversations, rapidement échangées, l'espoir du coup projeté grandissait en nous. Ces entretiens étaient rendus trop courts par la surveillance des sentinelles. Heureusement, un autre officier, le lieutenant Vidalin, un gascon bon garçon, ayant la liberté de circuler, nous tenait au courant de la guerre et nous passait quelques journaux à la dérobée. Il avait toute facilité pour visiter ses collègues avec lesquels il traduisait quelques journaux allemands dont il nous racontait les passages intéressants.

Un matin, Vidalin nous dit que le complot avait été déjoué. La nouvelle nous accabla, nous apprenant surtout que les dénonciateurs étaient des Alsaciens. Cependant, nous doutons encore. Ce bruit vient de si loin que la vérité a pu se dénaturer en route. Nous sommes anxieux, profondément découragés ; nous songeons au mécontentement qu'excitent certains de nos camarades d'Alsace. Quelle impulsion mauvaise a bien pu germer dans des cerveaux mal équilibrés ?... Une observation s'établit pour mieux étudier leur conduite ; nous sommes peinés de constater qu'ils ont la confiance des Prussiens. Querelleurs, jaloux et sournois, ils excitent notre colère par leur attitude, et dès qu'ils sont bafoués, ils se retirent en nous menaçant du Prussien.

Comment ont-ils pu se créer une situation si regrettable ? Depuis longtemps, tout le monde se méfiait d'eux. Aujourd'hui encore les soldats qui ont été prisonniers en Allemagne, pourraient reconnaître que des Alsaciens ont méconnu tous les devoirs de la camaraderie.

Quelle duperie de croire que l'immense désastre de la Patrie allait resserrer les liens de fraternité en cette agglomération de Français ! Au contraire, la discorde naquit bientôt de la jalousie, de l'envie, de l'égoïsme, du désir d'être mieux traité que le voisin.

Les passions, les mauvais sentiments se déchaînèrent et l'ingratitude se propagea, tourna en véritable lutte pour le bien-être.

A chaque envoi de linge, d'effets, venant de France, les Prussiens et les Alsaciens faisaient leur choix et nous servaient ensuite.

Décembre fut horriblement froid; il y eut un matin 33° au-dessous de zéro! On trouva les sentinelles gelées, des Français tombés morts dans les cabinets ridiculement installés en plein air et d'un accès difficile. Les malades devinrent plus nombreux; des décès s'en suivirent. Ce redoutable hiver nous terrifiait par ses caprices thermométriques auxquels la France ne nous avait pas habitués.

Depuis mon internement, j'avais reçu deux lettres de ma mère me rassurant sur sa santé devenue meilleure. Elle me disait que la paix ne saurait tarder, que la France était épuisée, incapable de soutenir longtemps une lutte aussi inégale que désastreuse. Nous apprenions tous des nouvelles aussi pénibles, et nous en arrivions maintenant à réclamer le jour de la délivrance pour rentrer le plus tôt possible dans notre patrie.

Malgré la rigueur de la température, le travail continuait en plein air. Si la terre était gelée, on brouettait du sable, des pavés, des pierres. Les piles de boulets étaient refaites ou bien la neige enlevée, transportée au loin.

Ordre était donné de nous occuper le plus possible. Un nouveau fort fut bâti en dehors de la ville sous la conduite d'un sergent alsacien, Hartmann, servant d'interprète. Il allait, venait et courait avec une docilité empressée qui nous révoltait. Heureux d'avoir la confiance prussienne, il s'enorgueillissait de paraître saisir vivement les explications, les ordres des officiers du génie. Et il souriait à ces supérieurs en acceptant bassement leurs compliments, sans avoir le cœur de penser que son initiative, son empressement servile à traduire les instructions reçues, augmentaient la fatigue et la souffrance des Français.

Il les pressait, leur reprochant même leur lenteur tandis que les Prussiens appréciaient son intelligence, son activité et son utilité.

Hartmann nous réservait une plus grande surprise.

CHAPITRE V

Le Renégat

Le thermomètre marque 20° au-dessous de zéro. Il fait à peine jour. Le ciel est bas, gris, sombre; l'air sec, piquant, hérisse la moustache, engourdit pieds et mains, glace les os. Pourtant, il faut travailler sur les remparts; déjà les Prussiens crient de leur voix gutturale, colère :

— Heraus! Arbeit! (Sortez! au travail!)

Timidement, nous quittons l'air chaud, empesté, des casemates dans lesquelles nous sommes encaqués, mangés de vermine. Vingt degrés de froid! répétons-nous en grelottant. En attendant l'appel, on cherche à se réchauffer, en courant, en battant la semelle. Les uns, amaigris, transis dans leurs défroques, ont l'aspect triste et doux de vieillards malheureux, tandis qu'à côté d'eux des sentinelles emmitouflées en de vastes manteaux épais, vont, viennent et ricanent.

L'appel terminé, chacun s'avance vers le parc aux outils pour prendre une pelle, une pioche, une brouette. Comme d'habitude, les gradés restent chargés de surveiller les travaux, de transmettre les ordres donnés en allemand au sergent alsacien qui sert d'interprète. Puis les soldats se mettent en marche lentement sur le chemin de ronde et forment un long cortège d'où s'élèvent les gammes discordantes du grincement des brouettes, du bruit des pelles et des pioches.

Tout le monde est au travail, le froid persiste. Fréquemment des malheureux s'arrêtent, l'outil appuyé au corps, les bras serrés et la tête rentrée dans les épaules pour avoir plus chaud. Leurs mains gourdes se cachent sous les aisselles, cherchent un abri dans les poches ou dans les manches des capotes, tandis que les pieds mal chaussés frappent durement la terre. Ils s'indignent de l'inhumanité des Allemands; ils refusent même de continuer malgré la punition grave qu'ils risquent de se voir infliger. Mais les Prussiens vocifèrent, furieux, en s'avançant vers eux :

— En avant! Travaillez! Travaillez!

Il faut céder, car ils menacent ceux qui résistent ; ils les poussent brutalement ou les frappent de la crosse de leurs fusils en murmurant des grossièretés tudesques.

Les brouettes abandonnées roulent à nouveau, les pioches pénètrent difficilement dans le sol, et les pelles ne font pas grande besogne. Mais les gardiens vont vers d'autres groupes où chacun agit de ruse pour travailler le moins possible.

Cette sortie ne nous donne même pas la distraction d'un horizon, d'un aspect changeant avec l'heure. Les remparts masquent tout ; on entend parfois les bruits de la ville, le claquement des fouets qui sifflent dans l'air vif ou les tambours d'un bataillon se rendant aux manœuvres. Aux carreaux des fenêtres des rares maisons donnant sur le bastion, des regards, des sourires, des expressions de visage nous plaignent. De douces et blondes filles aux yeux bleuâtres apparaissent, compatissantes. Les plus osées disent un bonjour timide, jettent quelques pièces de monnaie, du tabac, des cigares, des petits pains, malgré la défense militaire.

Ces jolies figures de gretchens attendrissent, font oublier un instant la souffrance endurée. L'œil a besoin de voir plus loin que cette enceinte maudite ; et l'on aperçoit çà et là des curieux qui grimpent à la dérobée sur les talus pour regarder l'espace inconnu qui les attire. Retenus en cette contempla tion muette, ils s'isolent, ils s'orientent comme s'ils cherchaient à découvrir une région plus chère. A leurs yeux troublés, la France se lève en un lointain mirage, le village, la famille. Un frisson fait cesser le rêve, et le désespoir serre violemment nos cœurs de vaincus.

— Faites donc travailler vos hommes ! L'officier me charge de vous dire que si vous ne les surveillez pas mieux, vous prendrez la brouette et la pelle comme les soldats.

C'est le sergent alsacien Hartmann qui s'adresse ainsi à ses collègues.

Cloués sur place par tant de sévérité, nous ne trouvons pas tout d'abord une réponse. Mais bientôt l'un de nous réplique sèchement :

— Jamais nous ne forcerons les Français à peiner pour le roi de Prusse ! Nous avons plus de cœur que vous !

Hartmann sourit dédaigneusement, secoue la tête en répétant qu'il faudra obéir quand même.

Des soldats murmurent, l'appellent prussien, mais pour éviter tout conflit, nous engageons les hommes à la prudence :

— Faites semblant de travailler, nous continuerons à fermer les yeux.

— Vive la France ! s'écrient les prisonniers,

comme pour narguer le mauvais alsacien qui s'éloigne.

Peu après, celui-ci, fier et droit, passe avec l'officier prussien, il parle sans cesse en souriant, d'une manière affectée, et ses simagrées, ses airs d'ostensible aisance augmentent notre indignation. Après tout, sa physionomie annonçait un tel caractère.

Grand et fort, un peu roux, la figure carrée, osseuse, le menton long et large, les yeux sournois, il donnait bien l'impression d'un rageur hypocrite. D'ailleurs, nous avions toujours douté de son cœur, et depuis longtemps, suspecté son patriotisme. Il fut laissé à l'écart, à cause de sa conduite indigne et lâche à l'égard de ses compagnons de captivité. Logé à part, mieux nourri, il bénéficiait de toutes les prérogatives. A la « commandantur », il lisait les lettres des prisonniers, et toute parole osée, tout écrit dévoilant la dureté allemande étaient dénoncés par lui à la censure prussienne qui arrêtait alors la correspondance.

Des discussions, des querelles s'élevaient entre Français et Alsaciens parce que certains de ces derniers étaient arrogants et gâtés en récompense de leur complaisance à tout répéter. Une fois calmés, les disputeurs regrettaient les écarts de langue, mais l'indignation restait générale contre les esprits mesquins qui s'associaient aux vainqueurs par

8.

égoïsme, par l'appât des faveurs. Ces favorisés allaient en ville accompagnés d'un Prussien avec lequel ils buvaient et passaient de bons moments en leur demi-liberté. Pendant ce temps, leurs camarades se promenaient dans l'enceinte fortifiée, restaient enfermés aux casemates où des quinquets fumeux piquaient l'obscurité de leurs faibles points d'un jaune roussâtre. Privés d'air, des moindres soins de propreté, ils étaient serrés les uns contre les autres sur des paillasses posées sur les lits de camp aménagés le long des murs. Une odeur lourde d'agglomération d'êtres affaiblis, maladifs, prenait à la gorge. Les privilégiés, au contraire, occupaient une chambre bien éclairée et garnie de véritables lits. Tant d'injustice irritait.

— Bernard est arrêté, fit un jour un Alsacien à un sergent. Je l'ai entendu dire par deux gardiens.

La nouvelle se répandit rapidement.

Le sergent-major Bernard s'était évadé depuis deux jours; quatre Français croyaient seuls connaitre son évasion et y avaient aidé.

Les préparatifs furent difficiles, mais le lieutenant Vidalin fournit en cachette des cartes, des effets, une boussole et de l'argent. Le soir du départ, déguisé, caché dans une ruelle à proximité d'une porte de la ville, il accompagnait Bernard un instant dans la campagne et le mettait sur son chemin.

La nuit sombre, mais peu froide. Quelques prisonniers en promenade dans la cour. Une sentinelle, allant et venant lourdement, à une trentaine

Fier et droit il passe avec l'officier. (Page 89.)

de mètres d'une palissade peu élevée par laquelle le prisonnier devait tenter de fuir. Deux Alsaciens dévoués s'avancent négligemment, viennent causer adroitement avec le Prussien et attirent insensiblement ses regards du côté opposé à la clôture.

Ce factionnaire était un brave père de famille, las d'être éloigné de sa femme et de ses trois enfants. Blessé à Forbach, il avait été renvoyé en Prusse où, une fois guéri, on le dirigea sur cette forteresse pour garder les prisonniers. Il prit goût à la conversation et finit même par donner du tabac aux Français en échange de la bonne goutte d'eau-de-vie qu'ils avaient offerte. Pendant ce temps, Bernard disparaissait et les Français se retiraient en donnant une chaude poignée de mains au Prussien.

A l'appel du matin, on réussit à cacher l'absence de Bernard après avoir préalablement fait disparaître sa paillasse dont on avait réparti le contenu. Mais, dans l'après-midi, on chuchota et l'on vit plus souvent dans les casemates l'interprète Hartmann avec un sergent-major prussien. Son regard faux semblait chercher quelqu'un adroitement. Le lendemain on apprenait l'arrestation de Bernard. Il fut condamné à deux années de forteresse avec menace d'être fusillé s'il tentait à nouveau de s'évader.

Depuis, quatre appels avaient lieu tous les jours. Les factionnaires redoublaient de surveillance et repoussaient brusquement ceux qui s'approchaient des talus. Des rondes se faisaient la nuit; on épiait tout mouvement suspect, toute conversation à voix basse. Et les Prussiens se montrèrent plus durs, plus exigeants.

Hartmann vint plus rarement à la forteresse où toujours on le voyait aussi propret, aussi fringant qu'en France, alors que la tenue de ses compagnons de captivité était forcément négligée, pénible à voir.

Quand la paix fut signée, nous apprîmes qu'il s'était marié et avait passé avec son grade dans l'armée prussienne avec des promesses avantageuses pour l'avenir. Ses camarades restèrent surpris, indignés, se refusant à croire à une pareille trahison. Cependant, lorsque le dernier détachement de prisonniers se dirigea vers le chemin de fer pour rentrer en France, on reconnut le renégat parmi les Prussiens de service à la gare.

Le même cri d'indignation était sur toutes les lèvres ; seule, la crainte d'être retenus encore sur ce sol maudit nous ferma la bouche. Mais les yeux furent éloquents, et le sergent dut bien saisir l'expression méprisante des regards. Ironiquement hautain en sa raideur tudesque, il assista impassible à ce défilé sans que son cœur souffrit en voyant disparaître le dernier soldat français.

CHAPITRE VI

L'Évasion

L'insuccès de Bernard n'apaisa pas nos désirs de liberté. Quinze jours plus tard, en décembre, deux autres sous-officiers, le sergent Renaud et le fourrier alsacien Facebender, tentèrent de s'évader.

La question des vêtements restait fort difficile à résoudre, malgré le concours si bienveillant du lieutenant Vidalin toujours obligeant, dévoué jusqu'à l'imprudence. Heureusement les deux sous-officiers avaient quelque argent et Facebender, libre de sortir quelquefois sous la garde habituelle d'un Prussien, put faire quelques achats. Sous le prétexte que les siens étaient usés, il se procura des souliers, car il fallait éviter d'utiliser les godillots militaires nécessitant l'emploi de guêtres dont la vue aurait aidé à découvrir l'identité des voyageurs. Facebender fit aussi l'acquisition d'un bon gilet en tricot, d'un pantalon ; il eût été téméraire d'emporter un paletot ou une houppelande, pourtant indispensable. Vidalin en acheta deux ainsi que deux toques chez des marchands différents.

Il avait fallu ainsi tout prévoir dans les plus petits détails pour éviter une surprise, un incident de route quelconque. Longuement, les deux prisonniers avaient cherché, examiné le plus grand nombre d'hypothèses, les nécessités d'une pareille entreprise. Ils riaient en énumérant ces petits riens auxquels il fallait songer. Maintenant, ils se sentaient prêts à tout risquer ; il n'y avait plus qu'à confectionner des accessoires.

Renaud s'arrangea plus difficilement, Facebender ne pouvant revenir à la forteresse avec les mêmes effets en double. Un turco, Ali-ben-Amar, le tira d'embarras pour la chaussure. Il occupait ses loisirs à raccommoder les souliers et gagnait ainsi quelques sous. Il avait été fait prisonnier à Wissembourg avec Renaud ; depuis, ils étaient devenus bons camarades. Le turco était très complaisant pour le sergent qui le lui rendait par quelques services d'argent. Renaud fit donc transformer en brodequins ses godillots encore bons ; puis, une après-midi, le lieutenant Vidalin vint dans les casemates avec un pantalon de civil parfaitement dissimulé par le sien et par son grand manteau. Dans un coin obscur, retiré, dont on avait éteint exprès le lampion fumeux, l'officier se débarrassa vivement de cette culotte gênante en même temps que d'une carte, d'une boussole et de deux toques. Pour ne pas éveiller l'attention, il resta peu de temps, allant de-ci, de-là, donnant des poignées de main, des nouvelles récentes de la France. Il reviendrait bientôt pour prendre un rendez-vous exact.

A la forteresse, les préparatifs continuèrent avec prudence, mais la rigueur persistante de la température obligea les deux sous officiers à se procurer un vêtement supplémentaire pour pénétrer en ville. Une idée leur vint. En plus de leur couverture, ils avaient chacun un couvre pied brun foncé dans lequel un tailleur confectionna un veston sans doublure, sans bordure, mais ayant une forme qui n'attirait pas le regard. Puis, pour prouver leur identité, en cas de besoin, une fois sortis d'Allemagne, ils firent coudre leur livret militaire à l'emplacement d'une poche intérieure simulée par un bout d'étoffe.

Maintenant, ils étaient prêts ; ils firent même arranger leur barbe à la prussienne pour être plus en harmonie avec les physionomies des gens du pays.

Le lendemain, le lieutenant Vidalin vint faire sa visite habituelle et remit à Renaud et à Facebender un foulard pour cacher leur chemise d'ordonnance. Le soir, à partir de huit heures, il les attendrait dans la première rue à droite. Ils n'auraient qu'à le suivre sans prononcer une parole. Une fois chez lui, ils compléteraient leur tenue, emporteraient quelques vivres et deux petites fioles d'eau-de-vie pour se soutenir, se raidir contre la fatigue, le froid et la faim.

— Soyez prudents, surtout, dit-il en se retirant. Calculez bien le moment pour franchir la palissade.

L'attente de la soirée fut longue et impatiente. Les deux sous-officiers paraissaient énervés, fiévreux. Dans la conversation, leurs yeux semblaient regarder au loin comme attirés par le souci de leur esprit, par l'inquiétude de l'avenir incertain, si proche, si fragile. Quelques camarades sûrs, dévoués, mis au courant, ruminaient déjà le truc à employer pour distraire la sentinelle.

Ali-ben-Amar, qui suivait des yeux les préparatifs, regrettait de voir partir le sergent Renaud ; il craignait une arrestation et ses graves conséquences.

— Si moi pouvoir partir avec toi !... Moi couper cabèche Brouzien si venir prendre toi !

Et, roulant ses yeux, il serrait nerveusement son couteau-poignard, d'un geste menaçant.

Les deux sous-officiers avaient trouvé une combinaison pour se débarrasser de leurs effets militaires.

Une demi-heure d'avance, ils mettraient le pantalon civil et laisseraient le leur, d'ailleurs bien usé, aux camarades qui l'utiliseraient aux raccommodages ou le brûleraient par morceaux, dans le poêle de la chambrée. Quant à la casquette et à la capote, ils les conserveraient sur eux en ayant soin de mettre leur veston sous celle-ci.

Avant de franchir l'obstacle, ils donneraient leur képi ; puis comme la nuit était noire et le terrain non gardé entre la palissade et l'arsenal, ils en profiteraient, après l'escalade, pour faire un changement rapide dans leur habillement. Ils enlèveraient capote et veston, puis remettant celle-là, dont ils cacheraient les jupes dans le pantalon, ils passeraient ensuite le veston par-dessus. Avec ce costume, ils pourraient pénétrer en ville. D'ailleurs, il eût été téméraire de sortir à deux des casemates dans une autre tenue. C'eût été attirer l'attention des autres prisonniers, courir à une arrestation certaine.

En attendant l'heure de la *colle*, Renaud et Facebender se promenèrent séparément, parcourant les chambrées en sens inverse pour ne pas donner l'éveil. J'allais tantôt avec l'un, tantôt avec l'autre, les encourageant dans leur tentative, les engageant surtout à se bien nourrir avant de partir en raison des difficultés qu'ils éprouveraient à emporter quelques vivres. Ils se rendirent à la baraque du marketender et s'y réconfortèrent ; mais quand le repas du soir arriva, ils ne purent le prendre complètement. L'émotion de l'attente, du péril affronté, l'incertitude de la réussite les bouleversaient trop, agitaient leurs nerfs déjà fiévreux depuis les préparatifs. Renaud me regardait, interrogateur et pensif; il soupirait en me disant tout bas : « Je doute encore, mais je ne reculerai pas. »

La nuit était arrivée, froide, baignée de brouillard. De temps en temps, quelqu'un de nous sortait pour se rendre compte des allées et venues de la sentinelle, assez éloignée de la palissade. Elle se rapprochait plutôt du bastion en frappant fortement la terre de ses pieds lourds. Quand l'éclaireur rentrait, Renaud et Facebender attendaient anxieusement son appréciation :

— L'obscurité est parfaite, disait-il. Ça ira !

Les futurs évadés riaient sans entrain, ne parlant presque pas, arrêtés, annihilés par ce départ si proche.

A nos encouragements, à nos efforts pour les détourner du doute, ils hochaient la tête avec un faible sourire des yeux; il leur semblait que les autres prisonniers devaient deviner leur projet. Et ils rappelaient l'arrestation de Bernard.

Huit heures allaient sonner; il fallut s'apprêter.

Renaud sortit discrètement le premier, je le suivis, puis Facebender et trois autres camarades alsaciens vinrent nous rejoindre.

Tandis que deux se faufilaient vers la palissade,

deux autres, simulant une promenade du côté opposé, la cigarette à la bouche, se dirigèrent vers le factionnaire, étonné d'abord, mais qui engagea bientôt la conversation avec les Alsaciens. Successivement, Renaud et Facebender arrivaient, en se baissant, à l'endroit à escalader, pendant que les autres usaient du stratagème qui avait servi à l'évasion de Bernard et qui réussit encore parfaitement cette fois. Au bout de cinq minutes, les deux sous-officiers, posant un pied sur nos mains servant d'étrier, s'élevèrent au haut de la clôture et tombèrent sans bruit dans l'enceinte de l'arsenal.

Le lendemain, dans la forteresse, eurent lieu les mêmes précautions, le même dévouement que pour Bernard. Quant aux indiscrets, à ceux qui finirent par s'apercevoir de l'absence réelle des deux évadés, ils furent engagés au silence en leur dévoilant tout bas le secret. Peu à peu, l'anxiété se propagea. Le turco me parlait constamment de Renaud, priait Mahomet de l'écarter des griffes des Prussiens. « Li bon garçon », disait-il en un véritable accent de sincérité. Et il lui tardait de savoir si les deux audacieux réussiraient.

Dans l'après-midi, le lieutenant Vidalin vint nous raconter les incidents de la soirée. A un coin de rue obscure, peu fréquentée, il avait ôté vivement son pardessus et l'avait donné à Renaud.

Vidalin avait eu soin de se vêtir d'un épais veston pour ne pas souffrir du froid; il pensait avec rai-

Les deux sous-officiers posant un pied sur nos mains. (Page 101.)

son qu'en cachant jusque chez lui la tenue incomplète d'un des sous-officiers, ils traverseraient la ville plus sûrement, sans difficulté. Heureusement, il n'y eut pas grand monde dans les rues. Ils arrivèrent chez l'officier où un diner froid, un

Les trois Français se serrèrent la main. (Page 104).

bon café les attendait. La porte fermée à clef, ils causèrent bas, se mirent à leur aise en enlevant la capote, puis mangèrent en se pressant, car il ne fallait pas sortir tard de la ville. Bien restaurés, vêtus presque chaudement, ils se disposèrent à partir, laissant les capotes à l'officier qui ne savait pas encore comment il s'en débarrasserait, mais qui ne s'en inquiéta pas. Il trouverait une solution un jour ou l'autre. En attendant, il enlèverait galons et boutons et les distribuerait aux amis sûrs qui les feraient disparaître.

Après avoir relevé le col de leur houppelande, ils descendirent sans bruit et marchèrent séparément, le lieutenant en avant avec Renaud, Facebender en arrière.

A une centaine de mètres de la porte de la ville, l'officier tourna dans une rue à droite. Les trois Français se réunirent, se serrèrent cordialement la main; Vidalin leur souhaita tout bas bonne chance. Puis Facebender partit le premier, suivi presque aussitôt de Renaud, tandis que l'officier, le cœur palpitant, les regardait discrètement s'éloigner.

— La nuit, chaque fois que je m'éveillais, nous disait-il, je regardais la carte pour chercher le point où ils pouvaient être à cette heure-là. Dans trois jours, quatre, au maximum, ils arriveront en Autriche. Pourvu que d'ici là on ne s'aperçoive pas de leur départ!

Cette après-midi, le lieutenant n'osa pas rester trop longtemps à la forteresse; il repasserait le surlendemain pour savoir si les Prussiens étaient encore dans l'ignorance de cette évasion.

Trois jours s'étaient écoulés sans incident.

Chaque matin, nous attendions anxieusement l'arrivée du sergent-major prussien apportant les ordres du commandant de la place. Personne ne semblait se douter de rien chez nos gardiens ; nous en fûmes heureux car nos camarades approchaient maintenant de la frontière, étaient peut-être sauvés. Mais vers les dix heures, une sorte de branle-bas se fit dans toutes les chambrées. Il fallut sortir, malgré le froid et répondre à un appel soigneusement fait. Pour dépister les Prussiens, des voix avaient crié : présent ! à l'appel des noms des prisonniers évadés. Mais, dans leur doute, nos gardiens désirèrent mieux se renseigner, voir les personnes mêmes. Déjà des sous-officiers se dévouaient pour représenter les disparus ; alors l'officier de service fit entrevoir une punition sévère pour tout subterfuge. L'appel fut recommencé en mettant de côté, au fur et à mesure, ceux qui répondaient. La substitution ne fut plus possible ; l'absence fut reconnue bien que par taquinerie des prisonniers continuassent à dire : présent ! Les Prussiens se fâchèrent, menaçant de prison les coupables. On nous envoya aux remparts, et depuis, nous fûmes traités plus durement. Nos corvées, nos séances de travail au dehors furent prolongées malgré la rigueur de la température.

Nous ne revîmes plus le lieutenant Vidalin ; l'entrée de la forteresse lui avait été interdite. Aucune nouvelle du dehors ne nous parvenait ; les jours s'écoulaient en une pénible attente d'isolement, d'incertitude sur le sort de nos braves évadés. Qu'allaient-ils devenir ?

Le soir de la découverte, les Prussiens furent hués dans les chambrées pendant qu'ils faisaient une patrouille armée et nombreuse. Sur leur passage, on se mit à siffler, à gronder, à imiter des cris d'animaux. L'officier, entrant dans une grande colère, fit arrêter son escorte, parla de prison, rappela son droit de fusiller les révoltés. Les grondements, le vacarme éclatent plus terribles dans l'indignation d'une telle menace. Alors il fait des sommations ; les hommes apprêtent déjà leurs armes, les chargent. Aussitôt une voix dit en alsacien :

— Mon lieutenant, arrêtez ; l'ordre va se rétablir.

Et le Français se lève vivement, nous invite au calme, au silence : l'officier fera tirer, taisons-nous.

Craignant un malheur inévitable, tout le monde se tut. L'officier continua sa ronde en grognant des menaces terribles pour le cas où nous recommencerions cette mutinerie.

Il y avait déjà cinq jours que Facebender et Renaud

étaient en fuite. Ils devaient être arrivés en Autriche, car personne n'entendait dire qu'ils fussent arrêtés.

La vie continua à être difficile pour nous, l'insuccès des Prussiens en cette affaire les ayant portés presque à la violence. Jusqu'ici, les quelques turcos internés avec nous avaient refusé de travailler sur les remparts. Leur haine pour les Prussiens était féroce. Ceux-ci les craignaient, se souvenant de leur courage indomptable à Wœrth, à Wissembourg, où ils se défendirent comme des héros en se laissant massacrer sur les pièces de canon dont ils avaient la garde. Chaque dimanche, la population venait au bastion voir les turcos, enfermés dans un local spécial pour les punir de leur résistance, de leur refus de travailler. La foule arrivait là comme attirée par une curiosité malsaine. Elle paraissait effarée, quoique désireuse de voir ces *hommes sauvages* qu'on lui avait dépeints terribles, capables de tout dans leur rage. On se pressait comme au jardin des Plantes ou au jardin d'Acclimatation à Paris ; les plus audacieux s'approchaient, jetant des petits pains, des sous ou des cailloux. Les turcos furieux, montrant leurs dents blanches, juraient en arabe, renvoyaient tout ce qu'on leur donnait. Ils seraient devenus fous de colère, ils auraient tout brisé pour s'élancer sur cette foule imbécile et couarde qui les excitait follement. On dut faire cesser cette exhibition.

Un matin, un soldat prussien, plus brutal que les autres voulut forcer Ali-ben-Amar à prendre une pioche. Il faisait très froid et le malheureux turco grelottait, résistait en crachant des injures. A un moment, le gardien le saisit vivement par le bras. Alors l'Arabe rugit, se révolta, la face exaltée, terrible comme celle des épileptiques. Brusquement, il empoigna une des mains du soldat, la porta à sa bouche et lui coupa le pouce d'un violent coup de dents.

Le Prussien hurla, on vint à son secours et le turco fut roué de coups, conduit aussitôt en prison. Cette histoire fit du bruit, se répandit dans la ville; les Prussiens n'osèrent plus s'approcher des Arabes sans être armés.

Pour faire subir à Ali-ben-Amar une détention plus dure, il fut enfermé dans une prison où nous le voyions chaque jour de travail. En cachette, nous nous approchions pour causer et lui passer du tabac, du pain, quelques saucisses. Il mourait de froid là-dedans, et était traité avec la dernière rigueur. Quand nous lui rappelions son coup de dents, il riait de contentement en s'écriant :

— Sale Brouzien. Si li venir en Afrique, moi couper cabèche!

Un autre jour, une sentinelle se fâcha contre un prisonnier sous prétexte qu'il s'approchait trop du talus en se promenant. D'un geste, le Français expliqua qu'il ne voulait pas se sauver. Mais pres-

Ils voyageaient la nuit, marchant ferme. (Page 111).

que aussitôt le Prussien fit feu et l'atteignit au bras droit.

Des camarades qui étaient dehors s'élancèrent

sur la sentinelle pour la désarmer, mais elle avait vivement rechargé son arme et croisé la baïonnette en menaçant de tirer sur quiconque avancerait. La garde était accourue pendant qu'on soutenait le blessé. Tout le monde était sorti au bruit de la détonation ; on s'indignait, on s'irritait contre la brutalité inexplicable du Prussien à qui un mauvais parti aurait été fait si ses camarades ne l'eussent emmené au poste.

Peu après, le blessé fut conduit à l'hôpital. La surexcitation se propagea de groupe en groupe ; on réclamait l'officier allemand pour obtenir justice d'une telle barbarie. Par l'intermédiaire d'un Alsacien, les témoins insistèrent pour être menés devant le commandant de la place afin de faire connaître les circonstances de l'accident. Leur demande ne fut pas agréée ; il fallut attendre l'arrivée d'un officier qui fit une enquête sommaire.

Les patrouilles recommencèrent cette nuit pour calmer l'effervescence. Il fut question de sortir en masse pour jeter les sentinelles dans le fossé des fortifications. Mais, l'exaltation passée, la gravité des conséquences entrevue, le calme reprit avec l'existence monotone de la captivité.

Un mois après, on apprit indirectement, ou plutôt les Prussiens firent courir le bruit que le factionnaire avait été condamné à deux ans de prison.

Le blessé ne fut guéri qu'au bout de plusieurs mois.

Quinze jours après, l'un de nous reçut une lettre de Renaud. L'interprète par intérim la laissa passer sans la soumettre à la censure. Hartmann était indisposé ; il ne l'eût certes pas donnée en raison des révélations qu'elle contenait.

Cette lettre était datée d'Italie, que les fugitifs allaient quitter pour rentrer en France.

Elle était intéressante, cette relation de voyage d'environ 200 kilomètres en pays inconnu et par une température si rigoureuse. Par précaution, ils avaient voyagé la nuit, marchant ferme, se nourrissent sobrement, buvant un peu d'eau-de-vie pour résister au froid.

Dès que le jour arrivait, ils se faufilaient dans les bois, dans un taillis, en une cachette qui s'offrait. Ils y demeuraient blottis, craintifs comme des bêtes traquées, redoutant d'être découverts à la moindre imprudence.

La première nuit fut difficile, terrible de frayeur, d'indécision et de fatigue. Le moindre bruit, la moindre forme vague, les arrêtaient. Ils écoutaient, se baissaient, sondant l'obscurité ou collant l'oreille sur la terre durcie de la route pour distinguer les bruits lointains. Leur embarras augmentait au carrefour des chemins. Ils examinaient le ciel, consultaient vivement leur boussole et leur carte de peur d'être surpris hésitants sur la route à prendre.

A chaque personne rencontrée, Facebender répétait en allemand le bonsoir obligatoire donné d'habitude par les voyageurs qui se croisent. Renaud répondait à peine sans accentuer. Puis, à chaque instant, ils se retournaient d'une façon dérobée pour voir si on ne les observait pas, si leur mise, leurs pas pressés, n'avaient pas éveillé des doutes.

Que la journée paraissait longue dans la retraite choisie en dehors de la direction, afin d'assurer leur liberté ! Dès qu'ils apercevaient une silhouette sur la route ou dans les champs, ils se couchaient à plat ventre, se redressaient de temps à autre sur les mains pour interroger l'horizon. Heureusement que la rigueur de la température empêchait les paysans de travailler la terre. Souffrant la faim, grelottant en ces heures d'attente, ils eurent des découragements, des craintes de mourir de froid. Pour apaiser leur appétit, ils mangeaient quelques morceaux de sucre et s'humectaient les lèvres de schnaps. Puis le courage revenait en pensant que dans deux jours, ils pourraient atteindre la frontière d'Autriche. Là, ils seraient sauvés, ils pourraient se procurer des vivres, se reposer, voir un consul français pour se faire protéger et rapatrier. Alors, ils repartaient de plus belle, s'entraînant davantage au fur et à mesure qu'ils avançaient. Ils firent ainsi des étapes de 70 à 75 kilomètres.

Enfin, le quatrième jour, au matin, ils entrèrent en Autriche après avoir passé par Gœrlitz. Un peu avant, ils s'arrêtèrent, regardant, interrogeant longtemps l'espace. Il fallut éviter les douaniers aperçus au loin. Leur crainte redoubla ; être si près du but et risquer de se faire prendre ! Ils cherchèrent séparément un passage, une issue non loin de la route et se hasardèrent à travers champs. Bientôt un village se présenta, ils étaient en Autriche.

Facebender se fit comprendre difficilement, demanda à manger et à boire. La curiosité des habitants faillit perdre les deux prisonniers ; quelques-uns parlaient de les rendre à la Prusse. Ils marchèrent encore pendant 10 kilomètres et eurent le bonheur de rencontrer un brave homme qui les fit conduire à la ville prochaine où ils s'adressèrent au consul de France. Ils étaient sauvés ! mais au prix de quelles difficultés, de quelles souffrances !

Leur lettre fut passée de main en main ; heureux, on riait à la barbe des Prussiens de la réussite des deux Français courageux qui allaient recombattre en France. D'autres prisonniers auraient bien voulu tenter l'aventure, mais la surveillance était trop active. Il fallut en prendre son parti et attendre le jour de la délivrance.

Une bonne nouvelle vint surprendre en janvier les Alsaciens et les Lorrains internés dans la forteresse. Ils allaient être transférés dans une grande ville, un peu au sud de la nôtre, et baraqués, presque libres de sortir sous certaines conditions. Pourquoi cette faveur?... L'Alsace et la Lorraine appartiendraient à la Prusse, paraît-il, et les Prussiens, par mesure bienveillante, tenaient à séparer les annexés des autres prisonniers, à leur rendre la captivité plus douce.

Ce transfèrement fit plaisir, car il allait nous éloigner de cette rigoureuse prison où l'on dépérissait faute d'air, d'espace, de lumière et de liberté.

Il me fut facile de me faire passer pour Lorrain. Je pus ainsi bénéficier de ce changement de résidence.

CHAPITRE VII

Demi-liberté

Maintenant que les Prussiens étaient sûrs d'imposer leurs conditions de paix, c'est-à-dire de s'annexer l'Alsace et la Lorraine, ils tentaient de conquérir par la douceur le cœur des prisonniers appartenant à ces deux pays. Les Alsaciens et les Lorrains furent donc envoyés à quarante kilomètres plus bas, vers le sud, et à deux kilomètres d'une belle ville, F..., assez importante, où des baraquements plus clairs que les casemates avaient été aménagés. Nous fûmes mieux traités sous tous les rapports. La nourriture, peu substantielle, fut cependant meilleure. Quant à l'hygiène, aucune amélioration importante : la vermine était trop bien établie dans la literie et partout pour disparaitre sitôt.

Les sous-officiers eurent la liberté de sortir, sans être accompagnés ; les soldats purent obtenir cette permission, de temps en temps, à condition d'être conduits par un Prussien.

Notre existence devint donc plus agréable. Les soldats ne travaillaient plus, se reposaient toute la journée. Les officiers, les sous-officiers prussiens étaient convenables, presque aimables. Leur tactique nouvelle à notre égard amusait. Pour eux, l'Alsace et la Lorraine devant être détachées de la carte de France, ils s'efforçaient de montrer une Prusse plus clémente afin de nous amener indirectement à opter pour elle, en temps voulu.

En attendant, chacun cherchait à profiter de cette demi-liberté donnée un peu tard. Quelques bocks, quelques saucisses et des petits pains nous aidèrent à retarder parfois l'heure de la rentrée.

Le sergent prussien chargé de la surveillance du camp était tendre à la tentation. Il avait installé son bureau chez un marchand de bière, à la porte des baraques. L'un des Alsaciens servant de secrétaires et d'interprètes, prévenu le matin, nous y conduisait.

Le Prussien était un bel homme blond roux, à la barbe grande et soignée, aux yeux bleus, d'une expression peu franche malgré le sourire facile.

Ceux qui ne savaient pas l'allemand faisaient

traduire leur demande, invariablement suivie du désir de trinquer.

Le sergent prussien. (Page 116.)

L'interprète, malin, nuançait ses phrases pour mieux flatter et séduire la fausse honnêteté du hautain Prussien, lequel répondait oui en souriant.

Et pour dissiper toute gêne, il ajoutait vivement en se tournant vers l'interprète :

— Que votre camarade se conduise bien en ville, rentre à l'heure et ne donne lieu à aucune plainte.

Puis les bocks, les pains beurrés, les saucisses arrivaient, disparaissaient vivement. De temps en temps le Prussien, la bouche pleine, se risquait à écorcher quelques mots français auxquels on répliquait par le peu d'allemand appris depuis la captivité. Après avoir trinqué une dernière fois, on se quittait en se serrant la main hypocritement.

Cette petite comédie se renouvelait tous les jours, au grand avantage de l'interprète qui était de toutes les fêtes, de tous les petits pains payés par les solliciteurs.

Dans ces baraquements où nous étions moins serrés, la vie parut meilleure. L'eau plus abondante et le charbon aussi permirent quelque luxe de toilette. Des capotes, des chemises, des caleçons pris en France furent distribués et rendirent notre tenue plus correcte. Ce nouveau séjour nous procura une aisance sensible, amena une détente de l'esprit, nous fit discuter les nouvelles.

Un moment, l'armée de la Loire fit renaître notre espérance. Baccon, Coulmiers avaient réveillé notre ardeur ; on discutait ferme dans l'attente impatiente des dépêches. Par leur énergie, leurs luttes vaillantes, Chanzy, Faidherbe excitaient nos fibres de combattants vaincus. Mais les désastres de l'armée de l'Est suivirent, puis le bombardement de Paris, sa capitulation ! C'en était fait ! Notre cœur ne se laissa plus surprendre : nous étions bien battus.

Notre nouvelle résidence était près de la ville à laquelle nous nous rendions tous les jours ; nous allions aussi nous promener dans les environs qui étaient charmants. Plusieurs Français trouvèrent une occupation rétribuée ; ils eurent l'autorisation de s'habiller en civil et de rentrer tard aux baraquements. Souvent on rencontrait dans la rue des officiers français qui se faisaient connaître en nous abordant et qui étaient heureux de nous conduire dans un café pour causer longuement. Certains avaient quelques revenus ; d'autres ne possédant que leur solde vivaient pauvrement à trois ou quatre dans des chambres à peine meublées où ils cuisinaient, vaquaient eux-mêmes aux travaux du ménage. De temps en temps, ils recevaient la visite de quelques sous-officiers de leur régiment que le hasard avait réunis dans la même ville. C'était leur seul plaisir.

A côté de ces infortunes, des officiers de mobiles, riches, menant largement la vie, faisaient de leur captivité un temps de noce. Dès qu'ils rencontraient des Français, ils les emmenaient pour les gorger de nourriture en compensation des privations passées.

Ils aimaient à les étourdir un peu avec ce bon vieux vin de France vendu ici à des prix élevés. Aux tables voisines, les consommateurs regardaient, presque moqueurs, ces repas exagérés, ces appétits de pauvres, excités par le bon cœur des mobiles. Les officiers affectaient par taquinerie de pousser à la consommation ; puis, le repas fini, ils renvoyaient leurs hôtes en leur mettant un thaler dans la main.

Peu à peu on supporta les Allemands. Les débits d'eaux-de-vie, les caves à bière, les cafés-concerts et les bals publics furent visités. Et notre uniforme n'éveilla presque plus la curiosité. Les femmes allemandes se plaisaient à reconnaître la gentillesse, la douceur, la délicatesse des Français à leur égard. Elles étaient habituées à de tout autres façons. D'ailleurs, les servantes de brasseries étaient courtisées bestialement par les Prussiens. L'œil en feu, ils s'avançaient avec des éclats de voix et portaient brutalement la main sur la gretchen, qu'ils embrassaient de force. Puis les mots crus, les expressions consacrées au vice partaient de leurs bouches sensuelles en accents gutturaux et bruyants. Quelque peu jaloux, ils plaisantaient les femmes de préférer les Français. Et comme toujours elles répondaient affirmativement, ils rageaient en souriant, et les pinçaient, les serraient fortement aux bras. Les pauvres filles se plaignaient à nous du tempérament matériel et butor de l'Allemand. Elles se plaisaient à avouer leur préfé-

Des officiers prussiens poussaient des traineaux. (Page 123.)

rence en un regard langoureux, accompagné d'un frémissement, d'un léger cri s'échappant vivement de leurs bouches aux dents blanches, aux lèvres rougeoyantes, voluptueusement entr'ouvertes par le sourire.

Dans un quartier du centre, nous avions trouvé une petite brasserie tranquille où nous nous réunissions chaque jour. Un de nos camarades, le brigadier Paul Marchal, des guides de la Garde, un grand blond aux yeux bleus, joli garçon d'une vingtaine d'années, s'était épris d'une jeune servante de son âge nommée Grimhilde. Sa passionnette fut réellement partagée ; le patron lui-même l'avait tolérée devant la sincérité de cette affection.

La petite gretchen plaisait par sa gentillesse, son bon cœur et ses manières convenables. Aussi nous étions empressés d'amener des camarades pour augmenter ses pourboires, car la malheureuse enfant ne gagnait pas grand'chose. Les Prussiens qui accompagnaient quelquefois les prisonniers dans leurs sorties paraissaient vexés de cette conquête d'un Français, et taquinaient bêtement la servante. A la fin, on se fâcha ; on en mit même un à la porte, à moitié ivre. Une autre scène ayant eu lieu, le patron s'en mêla et pria le gardien de sortir. Il ne voulait pas perdre notre clientèle à laquelle il tenait par intérêt et à cause de notre sociabilité.

Le brigadier se promenait en civil avec la jeune fille à son bras, heureuse et toute fière. Cette amourette nous amusait et nous la respections dans sa naïveté. Mais Marchal tomba malade et ne put sortir régulièrement; Grimhilde s'inquiéta, se désola parfois, malgré nos assurances, nos consolations. Elle vint même jusqu'aux baraquements où nous réussîmes un jour à la mettre en présence de son amant. La maladie empira, le brigadier dut entrer à l'hôpital où Grimhilde vint le voir avec nous.

Pauvre petite gretchen, comme elle était douce et aimante !

Nous allions en promenade tous les jours. Quelques-uns, pour être plus libres et remplacer l'habillement militaire usé ou sali, avaient acheté un costume de « pékin » qu'on nous toléra, à la condition de conserver notre képi. Mais en arrivant au restaurant de la petite Grimhilde, on déposait cette coiffure pour prendre un chapeau. Et l'on se rendait dans les bals, dans les concerts ou bien sur le fleuve voir patiner la foule, des officiers prussiens, le monocle à l'œil, poussant des traineaux occupés par de jolies femmes.

Souvent, nous allions loin dans la campagne. Parfois des jeunes soldats, revenant de la cible, nous croisaient, chantaient des refrains guerriers, paraissaient pleins d'ardeur pour la lutte. En passant, ils nous apostrophaient ironiquement, nous mettaient en joue en s'écriant comme des sauvages aveuglés par l'amour de la guerre : « Français, caput! »

D'ailleurs cés sortes d'aménités n'étaient pas rares, même de la part des civils On s'y faisait peu à peu en souriant dédaigneusement. Mais les victoires continuelles des Prussiens mettaient ce peuple en délire. Les débits d'eau-de-vie et de bière, les bals publics s'accroissaient de tous côtés; le plaisir et la joie éclataient partout. Un dimanche, dans la journée, nous entrâmes dans un bal de banlieue. La salle était comble, bruyante, enfumée par le tabac. Un orchestre tapageur excitait les jambes et les cerveaux échauffés; une grosse caisse rythmait la mesure, même dans les valses dont l'allure précipitée nous surprit. Tout ce monde énervé poussait des cris, tournoyait, dansait en de grandes enjambées d'une façon brutale, emportée.

Un courant grossier et lascif animait ces têtes allumées qui nous regardaient, obstinément provocatrices. On ne s'arrêtait pas à leurs défis ridicules; le spectacle de la salle intéressait davantage. De larges mains serraient les tailles, les omoplates ou s'appuyaient sur les dos; tandis que les bouches avides souriaient niaisement, embrassaient goulument avec effronterie. C'était un vrai déchaînement bestial, surexcité par la boisson et l'étourdissement.

L'un de nous invita une Allemande, valsa parfaitement et avec grâce, au grand étonnement des Prussiens. La curiosité s'éveilla; les regards nous montraient. Mais lorsque deux autres voulurent danser aussi, des murmures, des clameurs s'élevèrent; nous dûmes sortir pour esquiver une rixe inévitable.

Un jour, un officier français m'apprit que nous pouvions recevoir quelque argent par l'intermédiaire de l'ambassade d'Angleterre, à Berlin. Plusieurs milliers de prisonniers des autres villes avaient ainsi obtenu une solde de captivité qui les aidait à se procurer quelques douceurs.

D'après nos renseignements, chaque centre agissait différemment. Ici, les uns étaient payés comme en France tandis qu'ailleurs on ne touchait aucune solde. Nous étions dans ce dernier cas ; nous nous empressâmes de solliciter l'intervention de l'Ambassade anglaise pour nous venir en aide. Un état nominatif de tous les prisonniers, dressé exactement, lui fut envoyé, contresigné par les officiers français en résidence dans notre ville.

Huit jours après, nous reçûmes de l'argent.

Ce fut une grande joie aux baraquements ! Les bombances, les noces commencèrent ; les Prussiens en profitèrent et nous laissèrent sortir plus librement. Une fois en ville, on les soûlait par plaisanterie, puis on les abandonnait adroitement. Si des chefs les rencontraient, ils les faisaient conduire au poste et les punissaient sévèrement. Comme ils nous en voulaient, le lendemain, de les avoir lâchés dans leur état d'ébriété! Ils se promettaient de ne plus être aussi tolérants. Mais adoucis par de nouvelles consommations, ils offrirent alors de nous faire découcher!

Pour fêter cette solde inattendue, les sous-officiers se réunirent en un joyeux dîner. On se rendit ensuite au café-concert le mieux fréquenté.

La salle était comble; on buvait, on fumait ferme. Parmi les chanteuses assez jolies, une brune et une blonde s'acquittaient suffisamment de leur rôle. Un petit homme maigre, aux cheveux longs et frisés, tenait le piano, avait un bagout extraordinaire dans les entr'actes. En nous voyant (car quelques-uns avaient conservé leur uniforme), il essaya maladroitement la *Marseillaise*. On le plaisanta et l'un de nous se mit au piano, joua notre chant patriotique. L'accompagnateur remercia, causa avec nous et accepta de trinquer.

Vers la fin de la soirée, le marché de l'amour nous intéressa. Un homme d'une cinquantaine d'années, l'air cossu, guettait la blonde chanteuse, l'écoutait avec ravissement. Elle lui rendait ses sourires, se tournait agréablement de son côté, prononçait, nuançait à son intention. Jusque-là, rien d'extraordinaire qui tranchât avec nos mœurs. Mais la suite fut moins banale. Pendant le dernier entr'acte, après une série de signes compris des deux côtés, le vieux monsieur indiqua des chiffres avec ses doigts écartés. La jeune femme faisait un non gracieux de la tête, souriait en montrant de superbes dents blanches. Mais le paillard la désirait ardemment; ses

A la porte de l'hôtel, je parus hésiter. (Page 130.)

yeux brillaient, sa tête s'allongeait vers elle, insouciant du regard et des rires des consommateurs. Enfin, devant le refus persistant de la gretchen, malgré l'élévation du chiffre, il sortit son portefeuille et y prit quelques thalers en billets qu'il étala victorieusement : il en cria même le nombre !

— Si nous jouions un tour à cet amoureux ? me fit un de nos camarades.

— Ce serait drôle, répondirent d'autres en riant.

Et aussitôt, nous dirigeâmes des regards significatifs vers la gentille artiste qui parut étonnée, mais non défavorable à notre audace.

Après quelques renseignements auprès du musicien, lequel fut vite mis au courant de nos désirs et glissa un mot à la blonde fille, le vieux fut déconcerté du changement de front qui venait de s'opérer à son détriment. Il s'entêta, se leva, vint vers la chanteuse et lui offrit le double de ce qu'il avait promis. Rien n'y fit ; il ragea en nous voyant plus heureux et partit en maugréant.

A la fin du concert, nous emmenâmes les deux artistes souper avec nous dans un restaurant, en dehors de la ville, dont on avait clos les fenêtres. On s'amusa, la gretchen chanta, l'accompagnateur joua des pièces militaires. Les croches représentaient des casques à pointe, des lances avec leurs drapeaux. La griserie du triomphe se traduisait partout.

A un moment, nous fîmes tant de bruit que le patron de l'établissement nous menaça de la police, de la garde. Un peu calmés, nous bûmes encore quelques consommations et nous descendimes.

Avant de nous séparer, j'offris à la chanteuse de la dédommager de sa soirée. J'ajoutai discrètement que c'était par pure taquinerie que nous avions entravé les poursuites du vieux :

— Un baiser me suffira, gentil Français ! répondit-elle généreusement.

J'insistai pendant que nous accompagnions nos hôtes jusqu'à la ville. Ce fut inutile. Elle prit vivement mon bras et m'engagea à ne plus parler d'argent. Puis, pour détourner la conversation, elle me raconta qu'elle partait pour Berlin dans deux jours, et qu'elle conserverait un agréable souvenir de cette soirée assez imprévue.

Comme il faisait froid, je la pressai, lui murmurant des gentillesses.

Elle me répétait sans cesse :

— Oh ! les Français, comme vous êtes aimables ! Vos femmes sont-elles ainsi ?

— Elles sont gentilles, répliquai-je, mais vous êtes adorables.

Elle riait avec éclat, toute frémissante en approchant sa tête encapuchonnée de la mienne.

Je me sentis si engagé dans la conversation que je ne m'aperçus pas que mes camarades m'avaient quitté. Peu après, le pianiste prit congé de nous. Je restai seul avec la chanteuse que je reconduisis à son hôtel, situé près de la brasserie où servait la pauvre petite Grimhilde.

En y songeant, je fus attristé, car le cher brigadier des Guides se mourait à l'hôpital.

A la porte de l'hôtel, je parus hésiter :

— Vous me laissez ? demanda la chanteuse d'une voix doucereuse. Vous n'allez pas rentrer si tard à votre baraquement? Venez, vous me ferez tant plaisir...

CHAPITRE VIII

L'Enterrement

Les victimes du siège continuaient à disparaître; les maladies enlevèrent le quart de notre effectif.

Notre jeune camarade, Paul Marchal, brigadier aux Guides de la Garde, mourut bientôt à l'hôpital. C'était un bon enfant, toujours prêt à rendre service, toujours gai et de toutes les combinaisons d'amusements raisonnables. Dans notre brasserie habituelle, où l'on mangeait quelquefois, il jouait du piano, chantait pour faire plaisir à sa petite Grimhilde et égayer les camarades.

Là, nous lisions les journaux, nous apprenions les nouvelles par les consommateurs peu nombreux, d'ailleurs. Les patrons nous aimaient beaucoup, et lorsqu'ils connurent le décès de notre ami, ils témoignèrent leur sympathie en l'accompagnant jusqu'au cimetière. La pauvre petite servante, profondément affligée, se joignit au cortège.

La neige, tombée depuis plusieurs jours, commençait à fondre dans les rues sales et boueuses où nous dûmes patauger longtemps.

Un détachement prussien, commandé par un officier, faisait escorte au corps du brigadier des Guides dont l'uniforme était placé sur le cercueil, chargé de couronnes.

Tous les prisonniers suivaient pensifs, attristés de laisser encore un des leurs. Des gardiens nous conduisaient, le fusil incliné sous le bras. Il faisait froid, nous grelottions dans nos vêtements usés.

Tout le long du parcours, la foule était nombreuse. On entendait, par intervalles, les sourds roulements de tambours voilés de crêpe. Sons lugubres et monotones qui réveillaient nos douleurs et troublaient nos cœurs. De tous côtés, débouchaient des groupes de curieux tapageurs, se bousculant pour mieux voir.

Nous passons lentement, en cadence, sous leurs regards avides, insignifiants ou tristes. Quelques types sourient, plaisantent même; des femmes, au contraire, ont un maintien digne qui va au cœur.

En n'importe quel point du globe, la femme porte en soi le germe de l'altruisme; c'est une supériorité d'humanité caractéristique, qui a bien droit au respect de tous. Leur attitude me fait penser à la petite servante qui suit péniblement le cercueil, les yeux

Tous les prisonniers suivaient pensifs. (Page 132.)

humides, à côté de son patron également ému. Ce défilé à travers la ville me semble long. Enfin, nous arrivons au cimetière, vaste et boueux, où la foule pénètre après nous, se poussant, se pressant, comme pour assister à un spectacle extraordinaire. Les femmes surtout se faufilent de force, apparaissent partout. Leur figure est attendrissante; leur âme souffre sans doute des dangers de la guerre. N'ont-elles pas des fils, des maris sur notre terre de France qui peuvent aussi y mourir, sans le dernier adieu de la famille! Leur regard est franc, soucieux; quand nous les rencontrons, il devient timide en voulant être doux.

On atteint difficilement la fosse à peine terminée; les Prussiens sont obligés de maintenir la foule, de la menacer. Le cercueil est descendu devant ce trou béant qui va nous ravir notre cher camarade. L'émotion augmente, cette terre d'exil nous attriste davantage. Tous les yeux sont fixés sur l'uniforme brillant du brigadier des guides; nos regards s'y attachent par humanité, par devoir, par sympathie pour le défunt. Il semble que nous perdons en lui une partie de nous-mêmes.

Un jeune prêtre en lunettes, cheveux longs et roux, le teint pâle, bénit le corps, chuchote quelques mots. Son regard paraît vague, un peu faux. Est-ce timidité, myopie ou le souci du discours qu'il s'apprête à prononcer?

Un grand silence se fait tout à coup; les têtes s'allongent, attentives; le jeune abbé commence à parler d'un ton ferme et vibrant :

« Les pays ne sont rien; le ciel est la patrie!... »

Ce commencement audacieux, en terre germanique, surprend, fait lever les têtes.

La suite étonne davantage ; les Prussiens croient à une méprise tandis que le prêtre continue, en accents convaincus, à se montrer amoureux de l'humanité et de la paix.

« Supprimons les armées, les fusils, les canons ! Dieu n'en a pas besoin ! Peuplons la terre et traçons des sillons ; cultivons notre champ en priant Dieu... Il faut aimer le genre humain plus que sa patrie !... »

Et tout le discours se déroule sur cette thèse en traits contradictoires avec le militarisme allemand. C'en est trop ! Les esprits hautains murmurent presque, tandis que le plus grand nombre ont les yeux pleins de larmes. Les femmes sanglotent ; nous n'y tenons plus devant tant de sincérité en présence du courage du jeune abbé dont on nous traduit les paroles. Tout à coup, l'officier du détachement paraît froissé, prêt à la colère. Il ne peut tolérer plus longtemps la condamnation du militarisme qui le fait vivre et qu'il aime avec ferveur. D'un ton brusque, il ordonne au prêtre de terminer au plus vite son discours. Déjà il fait apprêter les armes pour rendre au mort les honneurs militaires. Le prêtre, très calme, dit encore quelques mots tandis que les Prussiens s'avancent vers la tombe. On y descend le cercueil, les fusils s'abaissent et la troupe fait un feu de peloton qui retentit en un bruit déchirant, en craquements discordants, rendus sinistres par l'écho.

Nous bénissons le corps et nous nous retirons tout émus. Le service est fini; la foule se disperse, commentant diversement cet incident extraordinaire.

Pendant ce temps, le prêtre, resté seul, à genoux, continue sa prière fervente. Peu après, il se lève lentement, puis, les regards aux cieux, il bénit une dernière fois la tombe du prisonnier de guerre.

Que va-t-il advenir de cette cérémonie? On ne sait, chacun fait des hypothèses, et déjà, dans la ville, courent les bruits les plus divers. Mais le jeune prêtre est riche, considéré, aimé pour sa religion, son talent, sa charité. Il ne craint rien; il n'a fait qu'obéir à sa conscience, à la parole de son Dieu.

Les Prussiens de notre escorte font rejaillir sur nous les conséquences de ce discours. Ils ne veulent pas nous laisser dans la ville où, les autres fois, nous errons librement avec permission écrite. Cependant, quelques-uns de nous parviennent à s'échapper; mais le soir, à la rentrée aux baraquements, on les retint au poste jusqu'au lendemain matin. Au rapport, l'officier les priva de sorties pendant une semaine.

L'inconsolable Grimhilde resta alitée une dizaine de jours. Quand elle revint à la brasserie, elle était maigrie, les yeux caves. Elle ne pouvait entendre parler du mort sans laisser couler quelques larmes. Aux moments de calme, elle s'asseyait dans un coin et tirait de sa poche le portrait du pauvre Marchal qu'elle contemplait en une expression sincère de chagrin, de profond souvenir.

CHAPITRE IX

Idylle

Le beau temps de mars faisait oublier le terrible hiver pendant lequel on avait eu jusqu'à 33 degrés de froid. Pour se délasser de la ville, on se dirigea vers la campagne, dont le paysage était attrayant. Le moindre aspect particulier arrêtait nos regards, portait notre esprit à des comparaisons avec les sites de la France. La nature réveillait nos ennuis, nos regrets; mais la consolation venait peu à peu avec les changements d'espace, les conversations aux sujets variés, pleins de souvenirs.

Une après-midi, après un bon déjeuner, nous partîmes une dizaine à notre promenade habituelle. Le soleil était chaud; de temps à autre un petit vent frais soufflait. On marchait, causant de la paix, de notre prochain retour que les Prussiens ne pouvaient encore préciser. Il fallait attendre le déblaiement des voies ferrées encombrées par la rentrée des soldats en Allemagne.

Le ciel, d'un gris pur, dans la zone la plus rapprochée du soleil, entourait les lointains d'une atmosphère cendrée, tendrement bleutée, semblable à certaines nuits de clair de lune. Du côté opposé, l'horizon était d'un bleu d'azur souriant et calme que tamisaient les brindilles rougeoyantes des branchages.

Le soleil égayait, annonçait un joli réveil du printemps. Au milieu des terres, l'herbe apparaissait d'un vert jaune un peu passé ou s'étalait en bandes diversement teintées. De grandes plaines sablonneuses s'étendaient autour de nous, où plus tard la pomme de terre et la betterave devaient rendre une bonne récolte. Tout était calme dans les champs : la guerre avait accaparé tous les hommes !

Nous nous sentions heureux, plus légers par cette température encourageante pour les jours à venir. Les regards s'arrêtaient sur les lointains, goûtaient mieux le charme renouvelé de la nature en l'apaisement idéal du grand espace. Et dans l'attente souriante des choses, tout semblait prêt pour la vie nouvelle.

Dans les hauts peupliers de la route, le vent gé-

IDYLLE 141

missait en un bruissement de vagues douces et continues. Au loin, la ville découpait ses toitures,

Nous rencontrâmes une jeune fille. (Page 142.)

profilait ses cheminées; ses maisons émergeaient d'une buée grisâtre adoucissant les contours.

Nous traversâmes un hameau où une ou deux

figures vieillottes avançaient le nez sur le seuil de leur porte ensoleillée. Après, l'espace et la route restèrent vides de toute habitation. Un quart d'heure plus loin, nous rencontrâmes une jeune fille de vingt ans, un panier au bras, se rendant probablement au village voisin.

Elle avait eu peur et s'était écartée de nous. Nu-tête, blonde et gentille, elle avait l'air misérable. Pour la rassurer, le sergent Henriet, un grand brun à l'œil vif, l'aborda gentiment en allemand. Elle sourit en nous entendant lui répéter le bonjour en sa langue.

— Engage la conversation, fit l'un de nous à Henriet.

Il lui demanda alors quelques renseignements sur le chemin, sur les villages les plus rapprochés. Il lui fit quelques compliments sur sa gentillesse.

La jeune fille nous suivit, répondant doucement aux questions, souriant aux mots drôles, aux innocentes plaisanteries du sergent. Sa tête chiffonnée et naïve, au teint pâle, le regard de ses yeux, me faisaient penser aux portraits des gothiques allemands. Ses lèvres entr'ouvertes avaient à la fois une expression de souffrance et de sourire. Un petit châle jaune verdâtre se croisait sur son corsage grenat; sa jupe toute simple était de même couleur. De gros souliers garantissaient ses pieds petits, à en juger par la délicatesse, la finesse du bas des jambes.

En l'apercevant, une idée malsaine avait germé

IDYLLE

dans nos esprits. Notre continence forcée du siège et de la captivité rendait la situation inquiétante aujourd'hui qu'on se voyait plus libres. La tentation fut forte.

— Une occasion de se venger de notre défaite! s'écria quelqu'un.

— C'est une idée! Nous pourrions rendre aux Prussiens ce qu'ils font sans doute aux Françaises! répliqua un autre.

— Entendu! fit Henriet, se retournant vers nous.

Et il l'interrogea sur sa famille, sur son métier, sur sa manière de vivre.

Elle restait avec sa mère, son père ayant été pris par la guerre. Elle avait travaillé longtemps à la ville, dans une fabrique; mais depuis deux mois l'ouvrage manquait. Elle s'était mise à cultiver la terre, à faire de gros travaux; elle gagnait péniblement sa vie : un salaire de vingt-cinq sous par jour. Comme la plupart des gens du pays, sa nourriture était des plus sobres : des pommes de terre, un peu de lard de temps en temps et de la bouillie de gruau.

Nous suivions, écoutant, ajoutant quelques mots pour soutenir la conversation d'Henriet. De temps en temps, celui-ci se trouvait embarrassé, à court d'idées et de mots, car la pauvre enfant était simple. Il nous sollicitait du regard; un autre suppléait à son insuffisance, s'aidant des tactiques libertines connues, des ruses grossières auxquelles cette âme naïve, ingénue presque, ne comprenait pas grand'chose.

Et la compagnie joyeuse et gauloise allait, trottinait, s'approchant de la femme comme une meute canine poursuivant une chienne.

Comment faire le siège de cette gretchen? se demandaient les moins audacieux. Un seul s'en tirerait facilement! Et ils la dévisageaient davantage tout en questionnant Henriet sur le résultat de l'entreprise. L'embarrassé sergent n'en savait rien encore.

— Nous verrons tout à l'heure, répondait-il en souriant.

Pauvre fille!

Je ne pus m'empêcher de regretter la malhonnêteté de notre conduite, l'hypocrisie de nos paroles. Je risquai une observation, un conseil. On se moqua de moi et il fut décidé, au contraire, de poursuivre l'attaque jusqu'à la reddition de la place. Ce serait si drôle, en pleine Prusse.

Je la regardai mieux maintenant. Elle me parut avoir un certain charme avec l'ovale allongé de sa figure, ses yeux attristés bien que souriants et ses cheveux arrangés à la grecque. Quelques mèches follettes s'éparpillaient sur son front haut et clair; ses oreilles étaient petites, un peu rouges sur le contour. Elle avait un nez un peu fort et sensuel, un ensemble agréable.

Son habillement modeste, d'une grande simplicité ajoutait encore à sa physionomie rêveuse un aspect attendrissant. Et la pâleur rosée de ses joues accentuait le carmin de ses lèvres un peu fortes attirant le désir.

Bientôt, Henriet lui donna le bras. Toutes les fois qu'il parlait, il approchait sa figure de celle de la jeune femme, pour mieux l'envelopper, l'amener à la chute voulue de tous. Elle conserva son impassibilité de résignée souriante, se laissa même embrasser sans rien changer dans son attitude d'insouciante.

Le sergent s'oublia à ce jeu d'amour forcé. Il fit avancer les choses plus vite, plus facilement qu'il ne l'avait cru, pendant que nous regardions de tous côtés sans découvrir aucun être humain, aucun animal. On eût dit que la campagne et les gens s'étaient mis d'accord pour faire réussir notre tentative libertine.

Au milieu des champs, à cinq cents mètres de la route, s'élevait une petite construction carrée entourée de peupliers.

— Qu'est-ce? demanda Henriet.

— Une ancienne poudrière, répondit la jeune femme.

Les regards significatifs des Français s'étaient tournés vers le sergent :

— Voilà l'affaire, dit cyniquement une voix.

Henriet questionna encore la petite Prussienne et

apprit qu'un chemin, à droite, conduisait à proximité de cette maison. Il parla vivement, parut plus empressé, appuya sur l'importance du mot thaler répété plusieurs fois en un mouvement d'yeux doux. Depuis quelque temps, la jeune femme qui s'était laissé conduire machinalement, écoutait les artifices de langage, subissait les pressions de bras sans approfondir ou plutôt sans paraître songer aux conséquences fatales de ces manœuvres malicieuses. Elle accepta par un oui banal, placide, presque indifférent, ce que venait de lui proposer Henriet avec beaucoup de prudence :

— Suivez-moi, fit-il doucement, se tournant vers nous et obliquant à droite. Pas de bêtise surtout; l'affaire est gagnée.

L'Allemande marchait avec la même allure tranquille, le regard presque hébété qui lui était habituel. Elle avait le sourire d'une martyre qui accepte tout supplice sans se plaindre et sans effroi.

Une sorte de nonchalance, d'inaptitude à la réflexion peut-être, l'entraînait comme si une fatalité la rendait incapable de songer à la gravité du sacrifice proposé.

Elle conservait l'attitude un peu rigide, imposante, et cet air doux, au sourire énigmatique, que les primitifs ont donnés aux types de leurs tableaux.

Je fus gêné par un de ses regards que j'interprétai mal sans doute. J'eusse voulu me retirer, ne pas être plus longtemps le témoin de l'insistance bestiale qui poussait mes camarades à cette polissonnerie. Mais il me sembla aussi que ma présence pourrait être nécessaire, à un moment donné, à cette malheureuse qui allait se prostituer sans désir, tout naturellement.

Plus je la regardais, plus je devinais la faiblesse de son esprit, sa passivité, sa souffrance du mal de vivre. Se laissant guider par les événements, par l'exigence de l'au jour le jour, par toutes ces forces qui font naître la résignation ou l'indifférence, que lui importait l'acte qu'elle allait commettre ?...

Elle n'y voyait sûrement que le gain de quelques pièces de monnaie qui lui serviraient à subvenir momentanément aux besoins du ménage, privé du nécessaire depuis plusieurs mois. N'avait-elle pas déjà tout subi dans sa vie de fille de fabrique ! Certainement, l'impassibilité de sa figure disait qu'elle ne devait pas s'arrêter à ce caprice de dix Français dont l'amabilité, la délicatesse à vouloir obtenir ses faveurs avait quelque chose d'inconnu pour elle. Pauvre fille ! Ses yeux ne voyaient pas le mal, ses sens allaient s'abandonner sans charme, insensibles et insouciants. Elle allait agir comme une somnambule, faire un rêve éveillé en laissant son esprit et son corps aux caprices de l'apathie triomphante.

Nous voilà près de la poudrière ; on fouille l'espace de tous côtés sans apercevoir personne.

Cette petite construction est entourée d'un fossé formant un bastion carré. Henriet y pénètre avec la jeune fille tandis que nous nous baissons pour cacher nos silhouettes aux regards indiscrets des alentours.

Le temps est toujours splendide et chaud. Nous nous asseyons sur l'herbe des talus; l'un de nous fait le guet d'une façon dissimulée, dans la crainte d'être surpris par un Prussien. Déjà Henriet a enlevé sa capote et l'étend derrière un mur où il se trouve seul avec la blonde Allemande. Et, dans l'attente de notre tour, nous restons masqués, abrités au pied du mur adjacent d'où partent des plaisanteries et des rires.

Un dégoût m'envahit, me fait paraître triste, lorsqu'un de nous qui s'est avancé, couché à plat ventre, raconte et raille l'attitude des amoureux. La pauvre fille ne bouge pas, accepte le sacrifice avec un calme étonnant. Chacun se succède et la trouve avec le même flegme, le même sourire énigmatique de ses grands yeux.

La jeune Allemande attendit qu'Henriet eût réuni les versements. Elle parut heureuse quand il lui compta dans la main la somme de cinq thalers, et demeura surprise d'une telle générosité. Jamais autant d'argent n'avait été reçu pour une journée de travail! Elle nous quitta souriante sans se retourner et disparut bientôt dans les champs, la démarche lente et tranquille.

IDYLLE 149

Je la suivis des yeux, attristé, honteux de cette farce. On me blagua encore, puis un des camarades un crayon à la main, examina le mur, sembla y chercher une partie blanche, bien lisse. Il sourit tout à coup et se mit à écrire :

« Aujourd'hui, 9 mars 1871, dix Français, prisonniers de guerre, ont possédé une Allemande au pied de ce mur. Par reconnaissance pour les bons soins donnés aux prisonniers, ils seraient heureux que leur acte devint un souvenir vivant de leurs tristes jours de captivité. »

CHAPITRE X

La Leçon de Français

Depuis le mois de janvier, je donnais des leçons de français, trois fois par semaine, à Mˡˡᵉ Lisbeth Schrœder, fille d'un marchand de nouveautés. Un officier de mobiles m'ayant obligeamment procuré cette distraction lucrative, on m'avait autorisé, sous la responsabilité du commerçant, à m'habiller en civil et à ne rentrer qu'à dix heures du soir. Grâce à certains subterfuges, j'obtenais une plus grande liberté, quand cela était nécessaire.

Mˡˡᵉ Lisbeth Schrœder était une jeune fille de dix-sept ans, blonde et jolie, ayant le teint un peu rosé, des yeux bleus très captivants. Mignonne et bien faite, elle avait des gestes, des mouvements délicats, tout un ensemble de séductions auxquelles s'ajoutaient l'intelligence et la bonté du cœur. Dès la première leçon, elle m'apparut parfaite. Elle connaissait déjà quelques mots de notre langue et beaucoup d'anglais; sa compréhension facile augmentait encore son vif désir d'apprendre.

Son père, un petit brun grisonnant, de quarante-cinq ans, boitait de la jambe droite, infirmité qui lui avait permis d'éviter le service militaire. Sa maison importante et prospère, située dans le centre de la ville, comptait une dizaine de commis. Mme Schrœder, grosse et gentille blonde de trente-cinq ans, s'occupait des factures dans la journée et laissait au caissier le soin de faire le travail de comptabilité.

La leçon avait lieu dans l'appartement, au-dessus du magasin donnant sur la rue, en une petite pièce servant de bureau à M. Schrœder.

Le premier jour, le père et la mère y assistèrent. Mlle Lisbeth parut un peu froide, embarrassée. Cela ne dura pas longtemps; ses traits se détendirent, sa bouche, plus naturelle, eut une expression agréable, et sa voix moins traînante, moins dédaigneuse, reprit son charme, sa douceur. Elle me fit presque aimer cette langue gutturale, heurtée, hachée, criée par les hommes. Je m'attachai à rompre son attitude un peu revêche, bien compréhensible, en surveillant mes gestes, mes explications. Parfois ma langue fourchait, s'arrêtait dans l'interminable longueur des mots, dans les prononciations rebelles. Mlle Lisbeth risquait un sourire gentiment souligné par ses parents, lesquels m'encourageaient du geste, d'une parole aimable.

L'épreuve fut satisfaisante ; on me complimenta même de ma méthode, de ma connaissance de certaines tournures allemandes assez difficiles.

Aux leçons suivantes, mon élève fut de moins en moins guindée ; elle osait m'interroger, se renseigner sur telle ou telle expression qui lui paraissait douteuse, mal rendue.

Elle s'aidait souvent de l'anglais, faisait des rapprochements pour mieux comprendre.

Le père montait quelques minutes, la mère lui succédait, puis, insensiblement, on nous laissa seuls au bout d'un mois. Il n'y eut plus de part et d'autre aucune contenance affectée, sous prétexte de correction, de distance à maintenir. Le naturel de ces bourgeois prit le dessus, se montra aimable, empressé même. Bientôt on en vint à me questionner sur ma famille, sur la guerre, sur mes projets d'avenir.

Les atrocités des combats m'avaient fait faussement juger ce peuple supposé terrible, à l'état primitif presque. Les préjugés, les exagérations des faits, l'ignorance de la géographie, de la vie allemande avaient grossi notre erreur. Je restai surpris de l'urbanité des bons citoyens, de la cordialité rencontrée chez les Schrœder. Ailleurs, le peuple se montrait d'une passivité docile, d'une bonhomie un peu affectée.

— Monsieur, me demandait timidement mon élève, parlez-moi des demoiselles françaises, de leurs mœurs, de leur façon de s'habiller.

Ses parents riaient de sa curiosité, de sa coquetterie et la plaisantaient, tandis que j'essayais de prouver que cela était bien naturel chez une jeune fille.

Elle m'en gratifiait d'un sourire et disait :

— Les Français sont vraiment aimables.

Je me rendais chez les Schrœder avec plaisir, car j'y trouvais une diversion, de l'amusement et toujours bon accueil. J'y avais fait connaissance d'un jeune épicier-liquoriste, Karl Meister, un petit brun chez lequel on se réunissait assez souvent avec des camarades, pour passer le temps, causer en français. Le jeune homme voulait parfaire l'étude de notre langue qu'il aimait et parlait passablement. C'était un esprit curieux ayant une certaine culture littéraire, un désir d'étendre son savoir. Sa bibliothèque, bien montée, venait à notre secours quand la conversation tombait, se ralentissait, faute de sujet.

On prenait les auteurs latins, on faisait des parallèles entre le français et l'allemand; et les heures passaient sans ennui, nous reportaient au temps de nos études, éveillaient des souvenirs rappelés en riant.

Nous étions derrière la boutique, dans une petite salle proprette où l'on buvait, fumait à son aise, aux frais de la maison. D'ailleurs Meister avait bon cœur et ne voulait pas paraître prendre des leçons, à titre gracieux, par le moyen détourné de nos visites, de nos conversations. Il était pour nous une heureuse distraction, un commentateur des usages, des mœurs de la vie allemande. Chacun avait une entière liberté de jugement sans aigreur ; on s'avouait réciproquement les torts de sa nation, et jamais personne ne s'en fâchait.

Quand le fleuve était pris par la glace, nous allions patiner ensemble avec la famille Schrœder. Karl Meister me nommait des personnes, racontait des histoires. On nous regardait, ma figure n'étant pas en harmonie sans doute avec les types du pays, et mon accent trahissant trop ma qualité d'étranger.

L'ensemble de ce champ de glace supportant tant de monde était pittoresque dans la grande largeur du fleuve. Les traineaux, les costumes les plus divers se mêlaient, se croisaient dans le va-et-vient continuel de la course et des zigzags. D'autres fois, c'étaient des promenades en voiture aux environs de la ville, des soirées au théâtre, des collations au moment des visites amies. J'étais presque de la famille. On m'invitait à dîner chaque dimanche. Insensiblement, je m'abandonnais à cette vie facile, dépouillant l'amertume des jours mauvais.

Je me familiarisais avec la cuisine allemande si différente de la nôtre par ses sucreries introduites dans la viande ou le gibier. Je les étonnais en mangeant tant de pain alors qu'une petite quantité leur suffisait. Puis on m'interrogeait sur les plats similaires préparés en France, et Mlle Lisbeth en profitait pour m'en faire traduire les mots en français.

Quelquefois des vins de France apparaissaient, mais la qualité ne justifiait pas l'étiquette, je préférais vanter ceux du Rhin dont les bouteilles au long col dominaient les nôtres qui n'avaient pas ici la saveur de leurs crus.

Depuis quelque temps, Mlle Lisbeth s'inquiétait de la situation de ma mère, de ses ennuis : elle plaignait son isolement, avec une discrétion délicate, empressée.

Elle avait pour moi des soins attentifs et aimables ; et, sans les préliminaires de paix dont on attendait la ratification, les Schrœder eussent voulu que ma mère vînt habiter chez eux. Ils lui auraient offert la chambre et le couvert ; elle eût été heureuse près de moi, me voyant tous les jours. Bien certain qu'elle n'eût jamais accepté, par fierté, par patriotisme, je leur sus gré cependant de tant de sollicitude si franchement compatissante :

LA LEÇON DE FRANÇAIS 157

— Vous donnerez des leçons tous les jours à Lisbeth, disaient-ils pour masquer leur gentillesse,

Ses parents riaient de sa curiosité. (Page 154.)

et ne pas paraître nourrir ma mère gratuitement. Je finis par m'apercevoir que la jolie Lisbeth se troublait quelque peu, avait pour moi des prévenances, des regards d'une bienveillance extrême. Je feignis de ne rien voir, de ne rien comprendre ; je voulus être maître de moi. Aussi, je conservai le ton et les familiarités d'un professeur ami, sans songer à dépasser les limites permises, sans donner le moindre éveil d'un sentiment que je ne ressentais pas d'ailleurs et que j'eusse trouvé fort déplacé.

Un après-midi de mars, Mlle Lisbeth ne parut pas disposée à continuer sa leçon bien longtemps. Le soleil éblouissant, la jolie clarté souriante d'un temps sec, la circulation plus animée de la rue l'éloignaient des tournures grammaticales, la portaient vers une franche gaité devinée en ses yeux :

— Si vous voulez, Monsieur, nous nous arrêterons là pour aujourd'hui ? fit-elle tout à coup en fermant son livre, l'œil vif et assuré.

Je la regardai, surpris ; il y avait à peine vingt minutes que nous avions commencé.

— Vous ne dites rien ?

— Je vous demande pardon, il y a si peu de temps que nous travaillons...

— Ça ne fait rien, nous remplacerons le français par le piano, puisque vous aimez la musique et moi aussi.

— Je suis à vos ordres, Mademoiselle.

Elle ouvrit la porte du salon donnant dans le

cabinet de travail et se mit tout de suite à jouer.

Elle avait eu dans son parler une aisance, une assurance qui me frappa. Certes, je ne pouvais qu'obéir, mais cette attitude si inopinément nouvelle me gêna. S'en aperçut-elle ? En tout cas, rien ne l'indiqua dans ses mouvements ou dans sa physionomie toujours aimable et joyeuse.

Elle joua avec sa facilité habituelle, me demandant de temps à autre, sans détourner la tête, comment je goûtais cette musique.

— C'est du Schumann ! est-ce joli ?

Et elle poursuivait, avec de gracieuses inclinations de tête, aux nuances les plus marquées, aux passages mieux sentis élevant son âme et troublant un peu la modestie de sa contenance.

Cette musique m'empoignait, m'amollissait ; je me laissais aller à ses bercements irrésistibles. Je m'inquiétai de cette situation un peu fausse bien que les Schrœder ne fussent pas exigeants sous le rapport de l'étiquette. Et tout à coup j'eus vraiment peur d'être aimé.

Mlle Lisbeth continua de faire entendre ces accents passionnés de Schumann si profondément émotionnants. Je sentis un plaisir contrarié, et aussitôt toute l'amabilité des Schrœder à mon égard m'apparut comme la confirmation de ma crainte au point d'exagérer l'importance de leur sollicitude. Non ! elle n'avait pu faire aucune confidence à ses parents puisque j'avais toujours été correct et naturellement aimable. J'avais tort de pousser les suppositions aussi loin.

Cependant, j'étais gêné; je craignais que mon attitude ou mon regard ne trahît l'inquiétude, la pénible impression que je ne pouvais refouler en moi. De temps en temps, ma gentille élève se retournait, l'œil souriant, le front doucement éclairé. Sa chevelure, attendrissante, d'un blond d'or pâle, donnait à sa figure une indicible bonté, un attrait plein de charme auquel je ne m'étais jamais arrêté. J'évitais de rencontrer ses yeux, ou plutôt, par discrétion, je baissais aussitôt les miens, comme plongé dans la rêverie de cette musique bizarre qu'elle continuait de nuancer étrangement et avec grâce.

Tout à coup, elle chanta. Un frémissement me secoua, me fit redresser le corps et porter le regard vers elle; sa voix avait des accents, une suavité qui m'allaient au cœur. Elle était en harmonie avec toute sa personne, avec son fin profil, sa jolie tournure et sa beauté plastique. Elle semblait être l'écho de sa douceur; elle répandait ses charmes comme un parfum troublant.

J'étais si attentif, si absorbé dans mes impressions, que je n'entendis pas entrer Mme Schrœder. Je ne l'aperçus qu'au moment où elle se plaçait doucement près de moi :

— Chut! fit-elle émue en devinant que j'allais parler.

Elle voulut laisser terminer le morceau sans se

faire voir ; elle demeura tout ce temps la figure heureuse du talent de sa fille.

Dès qu'elle eut fini, celle-ci s'écria sans nous regarder :

— J'adore Schumann !

— Très bien, Lisbeth.

— Ah ! tu étais là, maman, fit-elle étonnée.

— Entendant le piano, je suis montée. Le français est abandonné ?

— Un peu aujourd'hui ! Ce beau soleil m'a donné le désir de jouer à Monsieur de la bonne musique.

— Vous m'avez ravi, Mademoiselle, je vous en remercie, et si vous le voulez bien, nous allons reprendre notre leçon ?

— Considérons-la comme terminée ; veux-tu, maman ?

— Si cela te plait, ma fille.

— Seulement, Monsieur serait bien aimable de se mettre au piano à son tour et de nous faire entendre de la musique française. Tenez, choisissez là-dedans, fit-elle en me présentant un recueil.

Je n'osais pas refuser ; j'avais déjà eu l'occasion, le dimanche, après dîner, de montrer mon faible savoir.

Après quelques morceaux, je changeai de livre et tombai sur l'école italienne. Je feuilletai et m'arrêtai sur *Pietà Signore*, de Stradella, que je jouai avec ferveur pour me dégager de l'égarement où m'avaient jeté les charmes de Mlle Lisbeth. J'eus tort, car on me pria de chanter, et je dus m'exécuter sans effort, emporté moi-même par l'ampleur de ce morceau religieux si touchant.

— Que vous dites bien, Monsieur! firent ensemble la mère et la fille.

J'étais gêné, exténué, singulièrement impressionné maintenant.

— Quelle musique! ajouta Mlle Schrœder. Connaissez-vous l'histoire de ce malheureux Stradella?

Et Mlle Lisbeth me regardait bien en face, l'œil agrandi, cherchant à lire ma pensée, ma réponse, avant que ma voix l'eût donnée.

J'avouai sans feinte mon ignorance.

— C'est un roman, fit elle vivement. Je ne puis y songer sans être profondément émue.

La figure animée, les yeux expressifs, franchement tournés vers les miens, comme pour mieux faire pénétrer en moi les phases douloureuses de cette histoire, elle me raconta les amours de Stradella avec la jeune femme d'un seigneur vénitien à laquelle il enseignait le chant.

Les amants s'enfuirent à Rome où l'époux les fit poursuivre par des hommes à sa solde qui devaient les tuer. Ceux-ci s'étaient cachés derrière l'autel de Saint Jean de Latran où Stradella devait chanter un morceau religieux de sa composition. Attendris, vaincus par sa belle voix et les accents sublimes de sa musique, les assassins tombent émotionnés à ses genoux et l'avertissent du danger qui le menace ainsi que sa maîtresse. Furieux de son insuccès, le seigneur vénitien lance une nouvelle bande contre

On me pria de chanter, je dus m'exécuter. (Page 162.)

le chanteur italien qui, surpris à Turin, reçoit plusieurs coups de poignard. Stradella survit à ses blessures, se rend à Gênes où il épouse sa compagne. Mais le lendemain, les nouveaux mariés étaient frappés à mort sans qu'on pût arrêter les criminels qui s'enfuirent par mer.

Mlle Lisbeth avait les yeux humides et dit en souriant :

— Quel dommage ! S'aimer et mourir poignardés !

Décidément, mon choix avait été malheureux. Avant de nous séparer, elle me joua un oratorio de Stradella et dit en me quittant :

— Est-ce qu'une élève ne devait pas forcément aimer un pareil homme !

Et son regard m'en fit comprendre davantage.

Ces intermèdes de musique et de chant se renouvelèrent. On me trouvait une gentille voix de ténor, on vantait ma facilité au piano, mon goût. Et chaque jour j'avais à essuyer un feu de compliments discrets, une série de demandes d'opinions sur mon pays, ma famille, le commerce, bien que j'avouasse mon ignorance du négoce.

Je fus de plus en plus gêné sans avoir la possibilité de rompre, car l'amabilité des Schrœder m'imposait quelque retenue.

Au milieu de mars, on connut ici les dures conditions de la paix : cinq milliards et la perte de l'Alsace et de la Lorraine allemande. Il fut question de notre départ pour la France ; les Schrœder y firent allusion avec un réel sentiment de regret, de chagrin difficilement contenu.

Aux leçons suivantes, Mlle Lisbeth me parut triste. Pendant mes explications, elle me regardait franchement dans les yeux avec une expression si douce, si attendrissante que je ne pouvais la subir longtemps sans être obligé de prendre un livre sous le prétexte d'y chercher des exemples de tournures spéciales. Elle se rendait bien compte de mon embarras, mais elle semblait attendre un de ces sourires d'amant qui troublent parce qu'ils viennent du cœur. Elle aurait voulu le faire éclore sur mes lèvres et dans mes yeux.

Je refoulais ma tendresse avec le plus de ménagement possible ; mais une inquiétude, un malaise presque me prenait, pesait sur mon cœur. Je raisonnais la situation, et je n'osais admettre que mon élève eût pu songer à faire de moi son mari et à plus forte raison son amant. Pour l'épouser, il eût fallu abandonner la France et faire venir ma mère près de moi ! Mlle Lisbeth avait-elle pu concevoir la possibilité d'une pareille trahison ? Certes, l'amour ne se soucie pas des obstacles ; il les franchit par la force de la passion, par la ruse. Mais après cette terrible guerre où des atrocités avaient été commises des deux côtés, et surtout par les Prussiens, pouvait on avoir la faiblesse de s'allier aussitôt à l'ennemi ? En temps ordinaire, c'eût été naturel ; l'amour n'a pas de patrie : il s'impose, on le subit. Raisonnait-elle ainsi ?... Comment ne s'était-elle pas arrêtée dans son élan, à la première réflexion ?...

Son cœur de femme, plus humain que le nôtre, ne devait certainement pas apprécier les faits avec la même haine, avec le parti-pris des vaincus. Et plus je la regardais pour deviner ses pensées, la sincérité de son affection, plus je reconnaissais la candeur de son âme, la bonté de ses intentions, l'oubli de la patrie pour ne voir que l'amour seul. N'importe, je ne pouvais me décider ; je préférais garder mon rôle neutre. Je ne pensais nullement à l'hypothèse odieuse de l'amant, tant il y avait de droiture, d'honneur dans son intelligence avivée et curieuse de gretchen digne et candide.

Pauvre petite Lisbeth ! Elle continuait à être inquiète, elle ne me parlait plus aussi vite, avec la gaîté de sa voix fraiche et cristalline, et je ne pouvais plus lui dire comme avant : « Doucement, je vous en prie ! »

Comme elle riait alors ! Elle reprenait plus vite son joli gazouillis pour me taquiner, m'empécher de saisir le sens de ses paroles. Elle n'avait plus de ces enfantillages ; elle restait presque attristée, un peu pâlie.

Un jour, M. Schrœder m'entretint de notre prochain départ pour la France et me demanda comme souvenir ma photographie en tenue militaire. En échange, il me donnerait celle de sa famille. Il m'indiqua le meilleur photographe de la ville ; je m'y rendis le lendemain.

En examinant les vitrines, je reconnus des soldats français. Je m'empressai de dire à l'opérateur que je m'opposais absolument à être mis en montre. Il me rassura avec une bonhomie toute germanique et me fit un portrait passable, dont j'envoyai un exemplaire à ma mère avec cette dédicace : « Souvenir affectueux d'un prisonnier de guerre, à sa mère ». Sur celui destiné aux Schrœder, j'écrivis : « Souvenir cordial. »

Pendant les huit jours qui suivirent, Mlle Lisbeth me parut de plus en plus triste. Ses parents avaient aussi une expression soucieuse, interrogative, qui voulait me forcer à deviner la cause de leur attitude, moitié sérieuse, moitié ennuyée, qu'ils avaient tous depuis que notre départ était fixé aux premiers jours d'avril. A chacune des leçons mon élève soupirait, me regardait tristement à la dérobée. Mais je restai ferme, peiné de la situation délicate que j'avais créée involontairement. A chaque instant, des insinuations se glissaient dans la conversation. On m'invita plus souvent à dîner, on causa de la paix, de la reprise des affaires et de la satisfaction de tous de revoir le pays, la famille.

Un soir, M. Schrœder alla plus loin : « Des Français, dit il, restent en Prusse, vont s'y marier, attirés par l'appât d'une belle situation. »

Devant mon étonnement, les autres convives

trouvèrent cette conduite naturelle ; le jeune Meister risqua même : « Là où l'on est bien, c'est la patrie. »

— Du temps d'Euripide, peut-être, répliquai-je souriant.

Des discussions survinrent dans lesquelles je me montrai adversaire d'une pareille théorie. Les regards de la famille Schrœder ne me quittaient plus, attendant toujours une opinion moins formelle, moins sévère. Mlle Lisbeth s'en mêla : « Les droits de l'amour priment ceux de la guerre ! »

La table éclata en bravos, redoublés quand, par politesse, je m'avouai vaincu.

Cependant, mon élève n'en fut pas dupe ; elle vit ses espérances s'évanouir. Elle resta pensive quelque temps, et quand on passa au salon, elle se fit prier pour se mettre au piano.

Je la quittai très ému, très embarrassé, en essayant par la tendresse de mon regard, par la pression de ma main, d'atténuer toute la peine que je lui avais causée si loyalement cependant.

Cette défection des soldats français restant en Allemagne, s'y mariant par intérêt, s'y établissant, me poursuivait encore. J'en parlai à des camarades qui confirmèrent ce bruit appris par correspondance entre soldats internés dans différentes villes. Le cas n'était pas unique, paraît il, et l'on sut que ces coupables étaient des Alsaciens. Quelques-uns avaient eu une réponse superbe aux blâmes sévères

J'apportai ma photographie à la famille Schrœder. (Page 170.)

de leurs camarades patriotes : « Puisque nous sommes Prussiens maintenant, autant rester ici où nous avons trouvé notre affaire! » Ceux-là finissaient comme ils avaient commencé; ils étaient logiques avec leur conscience : ils nous avaient desservis pendant la captivité, ils nous trahissaient plus ouvertement aujourd'hui en se faisant Prussiens.

Lorsque j'apportai ma photographie à la famille Schrœder, elle fut enchantée et vanta la ressemblance, la bonne pose du modèle. Je reçus, en échange, le portrait de M. et Mme Schrœder, puis une autre carte représentant Mlle Lisbeth jusqu'à mi-corps, la gorge et les bras dégagés, la chevelure gracieusement disposée. Elle était ravissante ainsi.

— Ceci, c'est le souvenir matériel, fit en riant M. Schrœder; le meilleur est dans le cœur!

— L'un éveille quelquefois l'autre, répliqua mon élève sans lever les yeux, sans un pli sur son visage.

— J'ai trop à me louer de votre gentillesse, ajoutai-je, pour craindre que jamais l'oubli ne ternisse ni l'un ni l'autre souvenir. L'ingratitude n'entre pas dans mon cœur.

Mlle Lisbeth me regarda avec tendresse et prépara les livres et les cahiers pour la leçon.

— Quel dommage! fit la mère, que vous nous quittiez si tôt! Lisbeth serait devenue forte; nous ne retrouverons plus un aussi bon professeur...

— Mademoiselle est suffisamment instruite pour travailler seule maintenant.

— Je ne veux pas d'autre maitre, s'écria l'élève, d'un ton ennuyé.

— Vraiment, je suis désolé de vous voir partir, reprit le père, l'air embarrassé. Nous étions faits à vous, nous vous considérions comme de la maison.

— Absolument! interrompit la mère...

— Ah ! bizarrerie de la destinée! ajouta M. Schrœder. Et notre fille aussi vous aimait bien !...

La tendre Lisbeth se tourna du côté de la bibliothèque et je vis sa poitrine se soulever. Je ne pus rester calme, mes yeux se mouillèrent et je tendis la main à M. Schrœder en disant :

— Je suis touché de tant d'affection, je vous en remercie beaucoup ; je ne vous oublierai jamais, soyez-en persuadés.

Les parents nous laissèrent seuls; la leçon commença aussitôt.

Mais je ne me sentis plus la même assurance, je cherchais davantage, mes mains ne feuilletaient pas les livres avec la même vivacité. Il y avait des temps d'arrêt, des hésitations dans mes phrases, tout un ensemble d'indices évidents de mon trouble. Pouvais-je continuer longtemps cette indifférence voulue qu'elle pouvait considérer aussi comme une ignorance de son affection ?

Feindre ou ignorer me semblait excessif; elle était trop intelligente, elle avait appris à me connaître suffisamment pour tomber dans un piège aussi grossier.

L'attitude, la conversation de la famille m'embarrassaient de plus en plus. Je jugeais monstrueux d'abandonner la France, même sans me faire naturaliser Prussien. Sans tenir compte de ma grande affection pour ma mère, je ne pouvais trouver aucune raison valable ; mon esprit se refusait à me supposer loin du sol natal, par calcul ou par amour, tant l'idée d'émigration est incompatible avec notre caractère français, nos coutumes. Et puis, l'atrocité de la guerre, le bouleversement incroyable qu'elle avait causé dans nos cerveaux, faisaient encore douter de l'énormité de ses conséquences désastreuses pour nous. On semblait s'éveiller d'un long cauchemar, sortir d'une obscurité profonde ; il nous tardait de revoir notre France envahie, rançonnée, bouleversée de fond en comble, que nous aimions davantage. Non! le sang de la race vibrait trop, nous attirait vers le sol de l'enfance, vers le bout de terre toujours présent à nos yeux, à la mémoire, comme des souvenirs inhérents, nécessaires à notre existence.

Je me confinai davantage dans ma fermeté. Huit jours nous séparaient encore de notre départ, et sous prétexte d'achats, de préparatifs, j'esquiverais bien quelques visites qui m'éloigneraient de cette position fort embarrassante.

Peut-être valait-il mieux prévenir l'orage, s'excuser, se défendre adroitement, sans froissement d'aucune sorte ?... Et tout en continuant ma leçon, je m'y préparais, m'attendant même à le faire inopinément selon l'état d'âme de ma gentille élève.

Plus je regardais Mlle Lisbeth, plus j'étais captivé, adouci par l'ensemble de sa beauté germanique, la pureté de sa peau rosée, la légèreté de ses frisons et la langueur de ses yeux. Je m'attendrissais et déjà je repassais des phrases consolatrices, cherchant à éloigner la banalité, à ménager ce pauvre cœur sincèrement naïf qui souffrait de ma froideur.

Quatre heures sonnèrent.

— Déjà! fit elle...

C'était l'heure habituelle de mon départ.

— Si vous le désirez, nous prolongerons la leçon?...

— Merci, Monsieur... Puis, tout à coup : Voulez-vous me remettre mon portrait, j'ai oublié quelque chose?...

Je le lui donnai. Elle alla s'asseoir, prit une plume pour écrire sur le verso de la photographie : « Tout s'agite sur la terre, tout semble se désunir », puis elle me rendit la carte, les yeux humides, la poitrine retenant difficilement un sanglot :

— Pourquoi ne m'aimez-vous pas? fit-elle en se cachant la tête dans son mouchoir.

— Vous m'êtes bien chère, ma jolie petite élève; je souffre autant que vous, mais vous devez comprendre la cause de mon silence, l'impossibilité de vous offrir mon cœur et ma main. Calmez-vous, je vous en prie; je garderai un profond souvenir de notre rencontre, de l'affection de nos âmes. Oui, chère Lisbeth, fis-je en lui prenant doucement la main que je pressais délicatement, je n'ignorais pas l'élan de votre cœur, et j'eusse bien voulu y répondre comme vous le méritez. Hélas! la destinée nous dirige; nous devons nous y soumettre. Gardez-moi votre estime; ne me maudissez pas d'avoir été franc.

— J'espérais encore, répondit-elle timidement, enfin...

— Pardonnez-moi; je penserai toujours à vous, comme à une jolie et bonne petite sœur que j'aurais perdue.

Au même moment, Mme Schrœder entra :

— Vous prolongez la leçon? Quel courage!...

— Je voudrais que Mademoiselle n'eût plus besoin de personne pour travailler le français après moi; j'espère y parvenir facilement.

La mère et la fille se regardèrent, se comprirent. On causa un peu, puis je profitai d'une occasion pour me retirer.

Avant de dîner, je me rendis à la brasserie où se réunissaient des officiers français; je tenais à éloigner mon esprit de l'état d'inquiétude où l'avait plongé la charmante Lisbeth. Certes, s'il m'eût été possible de partir à l'instant, je l'eusse fait sans hésitation afin de m'éviter la scène des adieux que je prévoyais difficile et délicate. Mais je devais attendre la date fixée, n'ayant pas les moyens de

« Pourquoi ne m'aimez-vous pas », fit-elle en sanglotant ? (Page 173.)

payer de ma poche ce long voyage que les Prussiens laissèrent effectuer dans ces conditions à tous les Français qui pouvaient en acquitter les frais.

Les favorisés purent s'en aller dix à quinze jours plus tôt.

Quand j'entrai, je ne vis que deux lieutenants qui m'apprirent que leurs camarades étaient déjà en France ainsi que l'officier des mobiles qui m'avait procuré des leçons de français. Je regrettais de ne pas l'avoir vu avant son départ, et la conversation tomba nécessairement sur la fin de nos privations. On craignit toutefois d'être peut-être forcés de recommencer la guerre avec la Commune. Puis on s'occupa des renégats qui furent flétris comme ils le méritaient.

Insensiblement, j'en arrivai à conter mon histoire avec mon élève.

— Elle est gentille? dit l'un des officiers.

— Même jolie et riche, répondis-je en riant.

— N'importe, fit l'autre lieutenant, vous vous êtes loyalement conduit.

— J'aurais peut-être agi autrement, ajouta malicieusement le premier... Venez vous distraire et dîner avec nous, nous ferons la cuisine ensemble.

Après avoir acheté les provisions nécessaires, nous montâmes au logement que je connaissais déjà ; on se mit à l'œuvre comme de véritables cuisiniers en pied. Je ne pus m'empêcher de comparer la situation précaire de ces deux officiers à leur position en temps de paix.

Heureusement, ils avaient la philosophie et le rire faciles ; ils se tiraient d'affaire et se contentaient de leur sort.

Dans une chambre non meublée, sans table ni chaises, ils s'asseyaient à la turque sur des couvre-pieds étalés sur le parquet. Ils passaient ainsi leurs journées en jouant, en lisant ou en travaillant à la réparation de leur linge. De temps en temps, ils allaient à la fenêtre, faisaient les cent pas dans la chambre ou sortaient en ville. Quelques serviettes sur les couvre-pieds servaient de nappe ; le couvert était vite dressé à l'aide d'assiettes et d'ustensiles à bon marché.

Nous dînâmes sans façon en buvant à notre prochain retour. Puis les deux officiers m'accompagnèrent un instant et nous nous dîmes adieu, car ils devaient rentrer en France avant le gros des prisonniers.

Je passai une mauvaise nuit, encore sous l'impression de mes émotions de la journée.

Le lendemain, à neuf heures, au moment du rapport, le capitaine prussien chargé des baraquements me fit appeler :

— Fourrier, me dit-il sévèrement, je m'étais trompé sur votre caractère, sur la sympathie de votre personne. Vous venez de juger de mon pays, et mes compatriotes en termes injurieux, indignes d'un jeune homme bien élevé. Vous, dont on me parlait avec louange dans la famille Schrœder, et qui paraissiez accepter bravement votre sort, vous écrivez de pareilles choses contre l'Allemagne, contre nous qui vous laissons libre d'aller, de venir où bon vous semble !

Et il me tendit une lettre en disant :

— Gardez votre lettre ou refaites-la, car je vous donne ma parole qu'elle ne partira pas ainsi pour la France. Maintenant, rendez-moi votre laissez-sortir ; vous resterez au baraquement jusqu'à votre départ !

Puis, il s'en alla, me laissant ébahi au milieu des autres Français qui ne savaient pas de quoi il s'agissait.

L'avant-veille, j'avais écrit à ma mère pour lui annoncer notre rentrée et l'espoir de la voir si on nous dirigeait sur Nancy, comme je le croyais. Puis, emporté par le bonheur de ce retour, j'avais fait un rapide tableau de l'Allemagne, de ses mœurs, de ses habitants, de ses objets usuels, de ses outils, de sa fabrication en général. Je blâmais la docilité d'esclave des Prussiens, la grossièreté de leurs inventions n'ayant pas le tour de main, l'aspect qui plaît par la forme, la légèreté. Tout cela sentait le primitif, la lourdeur de la race et ne pouvait soutenir la comparaison avec nos produits, nos appareils, nos machines.

Je pensais que pour la fin de notre captivité, le sergent alsacien servant d'interprète et chargé de lire notre correspondance, ne signalerait pas ce petit accès de mauvaise humeur. Je n'avais pas compté avec la tentation qui fait les traîtres et les renégats.

Je recommençai ma lettre et j'informai en même temps M. Schrœder de ce qui m'arrivait, en lui disant toute la vérité et mes regrets de ne plus le revoir. J'espérais cependant que j'aurais le plaisir de lui serrer la main à la gare, le jour de notre départ.

Chère petite Lisbeth, comme elle dut souffrir de cette séparation si brusque qui allait aviver sa douleur! J'appris que le lendemain, elle et son père, venus pour me voir, s'étaient vu refuser l'entrée. La défense était formelle, le capitaine Schlimann voulait me faire sentir le poids de ma faute, de mon incorrection, comme il disait. Alors le commerçant me fit remettre le prix de mes leçons pour le mois de mars et me prévint que lui et sa famille seraient à la gare pour les derniers adieux.

Cette réclusion me parut pénible par la difficulté d'employer le temps, de varier les distractions. C'étaient des promenades dans la cour, le loto, les cartes, la causerie ambulante par petits groupes ou quelquefois le repos éveillé, un somme sur le lit. On finissait par se lasser de tout. Heureusement qu'il n'y avait plus qu'à patienter pendant six jours.

Malgré l'ennui que j'éprouvais d'être éloigné des Schrœder, je fus obligé de reconnaître que le hasard m'avait heureusement servi. Quelle contenance aurais-je eue puisqu'on avait exprimé le désir de me voir chaque jour? Ma vive appréciation sur l'Allemagne me tira d'embarras ; et je crois bien que cette fois la fatalité agit dans notre intérêt, en épargnant à la gentille Lisbeth un chagrin plus profond, une illusion peut-être plus douloureuse que la réalité contraire.

Maintenant, dans les baraquements, tout le monde mettait ses effets en ordre, les rafistolait adroitement. On voulait paraître propre, reprendre cet air dégagé, leste, aisé du soldat français. Mais il y avait bien des brèches, bien des accrocs recousus dans le drap usé, passé de couleur, des capotes et des pantalons! Les chaussures étaient aussi piteuses, et l'ensemble accompagnait bien ces figures amaigries et pâlies dont les yeux avaient quelque éclat par la gaîté du retour.

Quelle ingéniosité dans les moyens! Quelle habileté à tout cacher, à atténuer l'injure du temps et des batailles! Les Prussiens riaient, s'étonnaient de nous voir si débrouillards.

J'eusse voulu revoir mon ami Karl Meister, puis le patron de notre brasserie habituelle et dire un bonjour à la pauvre Grimhilde!... Prévenus déjà par des camarades de mon impossibilité de sortir, je leur envoyai mes adieux la veille du départ et j'attendis anxieusement le lendemain.

On dormit peu dans les chambrées, l'agitation était extrême. Les causeries se prolongèrent; puis, tout d'un coup, au milieu de la nuit, la voix d'un farceur s'écria : « Tout le monde sur le pont! Il est l'heure! » Des soldats se fâchèrent de ne pouvoir se reposer : « On sera fatigué demain matin et la route est longue! Allons, camarades, soyons sérieux. »

Le calme se fit peu à peu et bientôt tout rentra dans le silence.

CHAPITRE XI

Le Rapatriement

Pour notre dernier jour de captivité, nous eûmes un temps splendide d'avril. Sortis de bonne heure dans la cour avec nos paquets et nos sacs, nous attendions impatiemment l'heure du départ. Les figures étaient souriantes. Quelques-uns se frottaient les mains en signe de contentement, se passaient réciproquement l'inspection pour rectifier un mauvais pli, cacher les défectuosités d'une tenue difficilement improvisée.

On quitta bientôt les baraquements et l'on traversa la ville devant une foule de curieux amassés sur les trottoirs. Beaucoup suivirent jusqu'à la gare où j'aperçus M. Schrœder et sa famille, ainsi que

M. Meister qui vinrent me tendre amicalement la main. Mlle Lisbeth avait les yeux tristes ; je risquai vers elle un regard de tendresse qu'elle dut comprendre, car sa poitrine se gonfla aussitôt. J'avais le cœur oppressé de laisser un souvenir douloureux : j'évitai de mon mieux la banalité des remerciements en témoignant ma vive reconnaissance pour la cordialité si spontanée de mes hôtes.

On nous pressait de monter en wagon ; je me sentis défaillir, car Mlle Lisbeth pâlit étonnamment :

— Au revoir, cher Monsieur, me dit M. Schrœder en me serrant très affectueusement la main. Veuillez prendre ceci en souvenir de nous, ajouta-t-il en m'offrant une petite caisse.

Tandis que je remerciais, tout confus, une voix s'écria :

— En voiture ! en voiture !

— Bon voyage ! reprit M. Schrœder ; écrivez-nous !

Puis sa femme s'avança, m'embrassa très émue :

— Quel dommage que vous nous quittiez ! Allons ! embrassez-vous aussi, fit-elle, en poussant sa fille vers moi.

Je tins Mlle Lisbeth fortement sur mon cœur et l'embrassai avec tendresse tandis qu'un Prussien me tirait par le bras en disant : « Vite, en voiture ! »

Il fallut se quitter brusquement. Je courus vers le compartiment qu'on me désignait sans remarquer d'abord l'étonnement du public devant nos effusions qu'il ne s'expliquait pas.

Presque aussitôt, le train se mit en marche. Je m'approchai de la portière, disant adieu de la main ; bien longtemps mes amis me répondirent en agitant leurs mouchoirs. Puis tout s'effaça, la ville se perdit dans une brume légère ; l'espace fut bientôt inondé de la blonde lumière du printemps naissant.

Pendant une heure, je restai pensif, attristé, puis je voulus savoir ce que contenait la petite caisse remise par M. Schroeder. Peu gênante d'ailleurs, je la tenais sur mes genoux. Je défis la ficelle, j'en levai un simple crochet et je vis, parfaitement emballés, un pot à bière et un vidrecome gentiment travaillés, d'une forme artistique copiée sur le xvie siècle.

Je me replongeai ensuite dans ma rêverie, écoutant le cahotement du train, jetant de temps à autre un vague regard sur les soldats du compartiment qui chantaient, riaient, racontaient des histoires ou dormaient paisiblement.

Les principales gares traversées, qui devaient recevoir des troupes allemandes, étaient brillamment pavoisées. Tout avait un air de fête, de grande victoire pompeusement étalée. La joie éclatait sur les visages, se montrait dans les gestes, dans les mouvements, et notre présence excitait la raillerie un peu lourde des vainqueurs. Les salles d'attente étaient transformées en buffets, les tables avaient un aspect appétissant, incitant nos estomacs délabrés. Nos yeux mitraillaient, scrutaient ces préparations de bouche ; les mâchoires se serraient dans le mirage de la pensée, et la faim nous prenait sérieusement. Mais il fallait attendre notre tour; nous devions passer les derniers, dévorer les restes ou plutôt absorber une sorte de colle aussi mauvaise que celle servie en captivité.

En route, on recueillit quelques prisonniers; des camarades, des amis retrouvés parfois disaient leur triste séjour dans les forteresses. Beaucoup parlèrent de la défection de ceux qui avaient déserté par intérêt, dans l'espoir d'un avenir meilleur.

On ne voulut pas s'y arrêter plus longtemps ; on connaissait trop leur conduite, hélas !

A Berlin, on nous fit descendre dans de grandes salles réservées aux vainqueurs et préparées avec un luxe prodigue. Il y avait un tumulte, un vacarme infernal. Des Prussiens à moitié ivres s'avançaient vers nous en s'écriant: « Paris, caput ! » D'autres, se croyant plus fins, voulant montrer l'esprit d'un calembour qu'ils avaient fait dans l'ordre des écussons indiquant les forts de Paris qui s'étaient rendus ou laissés prendre : « Châtillon, Montrouge, Vanves, Issy, Montretout... Valérien ! » Comme ils riaient, comme ils appuyaient sur ce nom en scandant Va-lé-rien !

Et ils ajoutaient satisfaits : « Très bon ! n'est-ce pas ? »
Il n'y avait pas à répondre, sinon on risquait de

Un Prussien me tirait par le bras. « En voiture ! » (Page 182.)

ne pas revoir la France de sitôt ! Combien de pauvres diables laissions-nous, condamnés à des années de prison pour rébellion, menaces, dans le comble de leur exaspération, de leur souf-

16.

france! Et combien n'en reviendraient jamais!...

A chaque gare importante, on retrouvait la même affluence, le même tapage, la même griserie de victoires.

Des soldats prussiens en ébriété rageaient, nous menaçaient parce qu'ils ne pouvaient trouver place dans le train pour retourner dans leurs familles. Ils n'écoutaient même plus leurs supérieurs, lesquels nous engageaient au calme, au silence pour éviter toute rixe :

— Vous comprenez, ajoutaient-ils doucement, ces pauvres diables meurent d'envie de revoir vite leurs parents, leurs femmes, leurs enfants après une campagne aussi rude, aussi longue!...

— Et nous donc, pensions-nous tout bas! N'étions-nous pas aussi à plaindre, aussi dignes de ménagements! N'avions-nous pas le même désir, la même impatience!...

La sévérité de leur discipline de fer nous avait appris à nous taire, à ronger notre frein. On fit un effort pour tout subir jusqu'à la frontière: la vue de notre chère patrie nous dédommagerait de tous ces supplices.

Pour ne pas encombrer les lignes, le rapatriement se fit aussi par la Baltique. Malgré les précautions prises, les opérations furent longues et difficiles, et ceux qui croyaient être rentrés des premiers arrivèrent en France un ou deux mois plus tard.

Nous restâmes longtemps à Berlin où nous mangeâmes un peu mieux : plusieurs Prussiens de l'escorte firent même circuler de la bière, quelques bons restes ; comme l'un d'eux plus goinfre que les autres se récriait, une voix s'écria malicieusement :

— C'est juste qu'ils mangent et boivent ; ce sont eux qui paient !

Les abords de la gare étaient pleins de monde attendant l'arrivée des vainqueurs, criant des hurrahs, des chants patriotiques, nous invectivant encore. Je pensai aussitôt à notre entrée à Berlin, à la gentille gretchen qui voulut m'emmener avec elle ; je me sentis aussi triste, aussi découragé qu'à mon premier voyage.

L'humiliation de la France me parut plus profonde au milieu de ces trophées, de cet entourage exalté, de ces réunions bruyantes célébrant la mort, la guerre scélérate.

Le retour fut long et fatigant. Les distributions de vivres étaient rares et leur attente fit souffrir nos estomacs. Nous fûmes souvent dans l'impossibilité d'acheter quelques provisions. Quand donc arriverions-nous ?... Et chacun racontait une anecdote sur sa ville d'internement, apportait ainsi un complément à l'histoire de l'armée française en captivité. En Saxe, en Silésie, en Poméranie, dans le Brandebourg, beaucoup d'officiers avaient un nom français avec la particule. On était étonné et content de les entendre parler notre langue ; certains eurent beaucoup d'égards pour nous et s'inquiétèrent réellement de nos besoins, de notre entretien. Ces descendants des victimes de la Révocation de l'Edit de Nantes avaient encore conservé assez de sang français pour être humains, secourables aux hommes de leur ancienne patrie.

On se racontait aussi la quantité de Prussiens parlant français, presque sans accent désagréable. La plupart avaient longtemps vécu en France comme ouvriers, commis-voyageurs, contre-maîtres ; ils connaissaient très bien les villes dont ils parlaient, les routes et les chemins de fer. Ils avaient opéré l'espionnage à nos yeux, sans être inquiétés, et ils riaient maintenant en disant : « C'est moi qui ai conduit l'armée par tel chemin ; j'ai indiqué tel ou tel sentier, les ressources de telle ville ! Vous parlez trop librement ; les Français ne se méfient pas assez ! »

Notre trajet de retour fut à peu près le même que l'aller : Potsdam, Magdebourg, Brunswick, Cologne, Coblentz.

Plus je m'approchais de la France, plus je devenais triste, soucieux. Je fus surpris de me voir dépouillé de cette légèreté, de cet enfantillage qui me poussait jadis à bien prendre les choses. Le sérieux s'infiltrait peu à peu dans mes veines, guidait mieux mon esprit, mon jugement. Il me parut à moi, qui allais avoir vingt ans au mois de mai, que je connaissais mieux les choses et les hommes. Par conséquent, je m'en défiais un peu plus, mais je les aimais davantage. Je sentis mon intelligence portée vers la tendresse, vers une compréhension plus grande, plus exacte de la vie depuis que j'avais appris à connaître la mort. Ma pitié allait aux résignés, à ces vaincus du sort, des iniquités sociales ; et je rêvais déjà d'une harmonie générale, d'une amélioration réelle des conditions ordinaires de la vie.

On parlait fréquemment de la Commune qui venait d'éclater ; aucune nouvelle exacte ne nous parvenait ; et nous nous demandions ce qu'on allait faire de nous. Cette incertitude avait aussi refroidi la joie du retour ; la perspective de recommencer la guerre par la guerre civile nous effrayait. Le corps et l'esprit réclamaient la tranquillité.

Ce souci m'attristait davantage ; je ne m'intéressais plus au paysage, très beau cependant ; j'essayai de dormir. Ce fut en vain, mais je conservai néanmoins les paupières fermées et je m'abandonnai au caprice des souvenirs.

Je repassai ainsi toute mon enfance avec une rapidité de vision extraordinaire. Les moindres choses me frappaient ; je reconstituais des scènes entières, et tout à coup réapparaissaient mes années de lycée, la guerre. Mon affection pour ma mère planait au dessus de ces années revécues un instant, et j'étais attendri en pensant que je ne la reverrais peut-être pas de sitôt... J'aurais bien désiré lui écrire, mais le manque de renseignements sur notre destination m'en empêchait. J'attendais un moment plus favorable, plus près de la frontière. Là, sûrement, les officiers français avaient dû prendre leurs dispositions pour l'écoulement rapide des troupes rentrant de captivité.

Tandis que le train nous emportait, je continuais à revivre mes souvenirs, à m'arrêter quelques instants sur mes aventures avec la gentille Lisbeth.

Je n'oubliai pas non plus la désolée Grimhilde qui voulut bien se charger d'orner de temps en temps la tombe de notre camarade Marchal à l'aide d'une souscription dont nous lui avions remis le montant avant notre départ. Le dégoût de la vie m'envahissait ; je me demandais si je n'eusse pas mieux fait de devenir le mari de ma jolie élève dont l'amour m'avait paru si sincèrement bon. Ma pauvre tête s'affaiblissait de la mélancolie qui pénétrait en moi despotiquement. Les champs de bataille, les privations et la douleur m'avaient transformé. J'étais plus grand, plus maigre, plus pâle. Mes yeux voyaient plus sainement, distinguaient mieux la souffrance et le malheur. Mais je ne pouvais concevoir un effondrement aussi colossal que celui de la France. Dans mon imagination d'enfant lisant les campagnes de Crimée, d'Italie ou de Chine, j'avais cru notre pays invincible ! L'accumulation des désastres, des fautes grossières de nos chefs, formait un tableau pénible, effrayant, plus près du rêve que de la réalité si poignante.

Des irréfléchis, des exaltés, des patriotes sans doute parlaient de revanche immédiate! L'humiliation, la rage d'avoir été vaincus, eux si braves, les poussaient à de pareilles révoltes. Que de tracas, que d'ennuis, que de temps pour refaire une armée! La volonté ne suffit pas, le courage est impuissant quand l'organisation et le nombre font défaut. Bien peu s'en doutaient, hélas!

En approchant de la France, je sors de mon engourdissement. On nous conduit à Metz par un chemin que nous connaissons déjà : Forbach, Saint-Avold, Faulquemont. Et tous ces pays sont tristes avec leurs restants de désastres, leurs terrains négligés, abandonnés, ravagés où le printemps fait sortir quelques herbes. La désolation plane partout; des gens venus pour nous voir passer pleurent amèrement. Mais le train repartant aussitôt ne nous laisse pas le temps d'épancher notre cœur au gré de sa douleur. On se tait quelques minutes jusqu'à ce qu'un endroit nouveau attire notre attention et nos réflexions. Enfin, nous apercevons Metz; nous arrivons aux Sablons où nous stationnons près d'une heure sans descendre des compartiments.

A quel point de la France nous rendrait-on à nos chefs puisque la plupart des départements étaient occupés par les Prussiens?... Dans l'attente, nous fouillons les environs, nous restons pensifs devant le panorama qui se présente à nos yeux. Se retrouver ainsi dans ce pays où l'on a peiné et souffert! Un dernier regard attendri se fixe sur ce sol malheureux, bouleversé par la mitraille, où nos armes n'eurent jamais le succès qu'elles méritaient.

La cathédrale, le fort de Saint-Quentin apparaissent toujours majestueux dans la lumière du jour finissant. Je ne trouve plus dans ce grand espace qu'arrose la Moselle ce frémissement de vie d'autrefois. Les alentours, la ville même, malgré ses fumées, semblent mornes; la sombre tenue des Prussiens augmente encore cet air de désolation, d'abandon. Chacun cherche à reconnaître l'emplacement de son camp, rappelle des souvenirs, des engagements, des faits saillants. On reparle de la boucherie sans pareille des grandes batailles, de notre situation inférieure, de notre organisation défectueuse maintenant que nous connaissons les Allemands chez eux, méthodiques, pratiques, préparés à tout. Récit pénible au milieu de ce va-et-vient des Prussiens embarrassés, criant, cherchant à dégager leurs voies.

Il nous tarde de partir, d'éloigner nos yeux des vestiges du passé, des drapeaux, des couleurs prussiennes qui dominent partout, jusqu'aux signaux, comme pour mieux marquer la victoire. Et puis,

Un frère circule, l'air navré. (Page 194.)

nous avons faim; on nous néglige; aucune facilité pour se procurer la moindre provision !

Quelle dérision injuste, quelle nécessité cruelle

nous ramenait à ce terrible point de départ, nous y retenait longtemps comme pour mieux contrarier notre douleur?

Tout à coup une voix raconte qu'on part pour Thionville. Le bruit se propage, il est exact. Où irons-nous par là? On cherche, on s'interroge, sans comprendre, sans trouver rien! Encore le doute, la terrible ignorance des mouvements, tout comme pendant cette funeste campagne!

Nous arrivons à Thionville la nuit. On nous répartit dans la ville; je fais partie d'un groupe amené à l'école des Frères. Ce lieu est d'une tristesse claustrale. Un frère circule, tête baissée, l'air navré; il ne prononce pas une parole et ne répond pas à nos demandes comme s'il craignait d'être entendu, surveillé par les Prussiens. Peut-être a-t-il reçu l'ordre de se taire?... D'ailleurs il disparaît aussitôt après nous avoir servi à manger, indiqué des paillasses, des bottes de paille dans les boxes. Nous nous couchons exténués de fatigue.

Le lendemain, on reprend le chemin de fer; personne ne peut nous renseigner sur la route à parcourir. Les Prussiens qui nous accompagnent l'ignorent; nous nous demandons combien de jours durera cette promenade en wagons, dont nous sommes las depuis longtemps.

J'aurais désiré annoncer à ma mère ma rentrée

en France, mais cela me fut totalement impossible. Au bout d'une heure de trajet, le bruit court que l'on va débarquer à Charleville où les autorités françaises nous recevront. Cette nouvelle stimule, réveille même les plus indifférents. Les têtes regardent aux portières, écoutent les noms des stations; on a hâte d'arriver. Que fera-t-on à Charleville? Là, nous le saurons sûrement. Cependant cela nous inquiète encore, les affaires de la Commune nous ont été présentées jusqu'ici sous un jour si terrible! L'armée de Versailles était insuffisante, on allait l'augmenter avec les troupes rentrant d'Allemagne. Nous serions donc destinés à ce rôle?...

On a encore de l'espoir; en somme, rien ne confirme ces bruits de caserne si souvent faux, grossis à plaisir. Et nous continuons à suivre le paysage, à découvrir des traces poignantes de l'horrible guerre.

Nous approchons de Sedan. Ce nom fait frémir! Notre colère endormie, la rage assoupie du carnage, l'espoir de la revanche s'éveillent plus vivaces, devant le spectacle effroyable de Bazeilles. Notre sang s'écoule plus vite dans nos veines à la vue du désastre de l'incendie et de la mitraille. Ces amas de décombres qui représentent un village complètement détruit serrent nos cœurs, font verser des pleurs qu'on voudrait retenir devant les Prussiens pleins de morgue, se promenant fièrement en laissant traîner bruyamment leurs sabres sur les quais.

Chacun cherche à se raidir contre l'émotion, à prendre une attitude digne tout en les regardant avec haine. Puis, peu à peu, une triste réflexion rétablit l'équilibre des responsabilités. On finit par dire que nous en eussions peut-être fait autant.

Nous continuons la route. Voici Charleville. Des bois toujours, des aspects sombres, humides. Nous pénétrons dans un tunnel et, à sa sortie, apparaît à gauche une grande prairie d'un joli vert tendre et souriant comme celui des primitifs flamands. Puis la Meuse, un pont en arcades, et nous entrons dans le grand hall de la gare :

— Nous ne sommes plus en Prusse, s'écrie ironiquement un sous-officier qui a eu à se plaindre de l'indiscipline, de l'insolence de quelques hommes. Nous verrons si l'on fera toujours les malins !

Cette sortie inattendue, maladroite, est oubliée aussitôt, car il faut descendre vivement, se placer en rangs et attendre les ordres d'un capitaine français qui va et vient avec une grande activité.

On respire, les yeux sourient, on se sent plus léger en voyant des officiers, des sous-officiers français dans leur uniforme presque neuf, s'occupant de nous distribuer des vivres avec une aménité peu habituelle.

Des tables sont là chargées de fraîche charcuterie appétissante et de bon pain blanc qu'on fixe avec envie, en un agrandissement des yeux tandis que la bouche s'excite, et que les lèvres s'impatientent.

Le sous-officier grincheux avait raison, car, aussitôt à terre la discipline revécut dans chaque homme.

Rendue plus tendre, plus paternelle par l'émotion des chefs, l'obéissance fut observée sans effort, tout naturellement.

Les officiers parlent doucement, nous plaignent, nous conduisent en souriant à l'endroit où se fait la distribution ardemment désirée. Le changement survenu, même chez les récalcitrants, est curieux à noter. Tous les soldats sont polis, ont les larmes aux yeux en répondant aux questions des officiers. Ils aiment à répéter, à appuyer sur ce « oui, mon capitaine ». Et ils le regardent heureux, soumis, adoucis comme s'ils revoyaient un être chéri longtemps disparu. Ceux-là qui récriminaient le plus contre les chefs, se feraient tuer immédiatement dans leur acharnement à les défendre, si une affaire survenait ici avec les Prussiens, qui rôdent dans la gare avec quelque autorité encore.

La cordialité, l'émotion courent les rangs. Les officiers donnent la main instinctivement aux soldats qui, obéissant à l'élan de leur cœur, au trouble heureux du moment, la leur tendent aussi sans songer à la hiérarchie. Ils ont des mots de tendresse, des appellations de *mon ami, mon enfant, mon brave* qui séduisent, flattent, encouragent. Dans le malheur, l'humanité reprend ses droits et rend les hommes égaux.

198 SOUVENIRS D'UN PRISONNIER DE GUERRE

Quel festin que ce déjeuner français composé de pain et de charcuterie ! On dévore ce joli pain blanc

On respire en voyant des officiers français. (Page 196.)

auquel la caserne ne nous a pas habitués ! Son goût est délicieux, exquis pour nos palais négligés ; nous mordons à belles dents et les mâchoires se fatiguent dans la mastication impatiente et nerveuse. Comme on savoure la tranche de fromage ou de hure de

Le Prussien apparaît fier, radieux d'occuper le territoire. (Page 201.)

cochon si appétissante en sa fraîche mosaïque de chair et de gras!

Tout le monde est satisfait. Des carottiers même,

des affamés plutôt, réussissent à avoir double ration. Ils reviennent réjouis en attendant le départ pour Cambrai choisi comme point de concentration et de formation de régiments nouveaux avec les troupes rendues par l'Allemagne.

Un changement subit et heureux s'est opéré sur toutes les physionomies.

Maintenant, il n'y a plus à douter ; nous allons grossir l'armée de Versailles.

Cette nouvelle n'est pas bien accueillie. Le trajet va être long à cause des détours nécessités par l'encombrement, la destruction des voies et l'occupation prussienne dans certains départements. Encore souffrir ! Encore risquer sa vie alors qu'on croyait rentrer à la caserne, s'y reposer tranquillement ! D'ailleurs, sur la ligne de Thionville à Charleville, beaucoup de ceux qui avaient leurs parents dans les départements voisins s'esquivèrent pour revoir leur famille. C'était facile ; aucune feuille de route ne nous accompagnait, aucun état nominatif n'avait été dressé. Donc, pas de contrôle possible. Les plus audacieux profitèrent de cette situation pour ne pas se battre contre Paris. Rien ne prouvait qu'ils n'étaient plus prisonniers,

L'impatience de voir ma mère me tentait aussi, mais à cause de mon grade, je n'osai pas donner le mauvais exemple. Si j'eusse été simple soldat, je n'aurais pas hésité une seconde, tant la guerre civile m'apparaissait horrible et monstrueuse.

Il fallut suivre le troupeau humain, servile par la force.

Sur notre parcours, la guerre a laissé ses traces, le Prussien apparaît fier, radieux d'occuper un territoire qui lui fournit largement ce dont il a besoin. L'aspect du vainqueur est frais, bien portant, comme en temps de paix ; on dirait plutôt qu'il a changé de garnison tant les fatigues de la guerre semblent effacées de son visage, de sa tenue. Et toujours cette raideur germanique, cette obéissance de valet craintif sous la brusquerie du commandement ou la dureté du regard.

Je suis d'une tristesse ennuyée malgré ce printemps superbe et précoce qui épand la vie, la gaîté en réveillant les forces de la nature. On rentrait heureux de se dépouiller de la pesanteur de la captivité et des combats ; on aspirait à une période de calme, de travail opiniâtre pour le relèvement de la patrie trahie et vaincue, et maintenant, il fallait brusquement s'engager à nouveau dans une guerre plus terrible, plus odieuse !

L'excitation, la colère tourna chez la plupart contre ce Paris qui nous forçait à reprendre les armes pour une impitoyable guerre des rues. Le vieux soldat bonapartiste, et même le soldat en général, détestait le Parisien pour sa blague, sa taquinerie, sa tête brûlée, ses habitudes rouées, carottières

L'entrainement fut facile, et, peu à peu, par les racontars, par le grossissement d'un fait, le mécontentement se changea en haine chez quelques-uns ; l'aigreur entra dans les discussions avec les injures, les menaces. La nature souriante en sa sève naissante, me fit penser à la clémence, au bonheur des choses et des êtres, à l'oubli des erreurs, à la cessation des luttes par la discussion et le raisonnement. Quel contraste avec cette joie de vivre : faire une nouvelle moisson d'hommes, massacrer des Français !

J'eus peur de cette guerre de rues où reste invisible l'ennemi qui vous frappe, où il faut avancer sans ardeur, sans courage, pour combattre des hommes du même pays, de la même ville, des parents, des amis peut-être. N'aurait on pu s'entendre avant d'en venir aux mains ? Ne pouvait-on atténuer les graves conséquences d'une telle monstruosité, essayer de transiger, de discuter pour éviter de tels massacres ! Mais j'ignore le siège de Paris, l'historique de la Commune, les événements qui ont eu lieu, qui l'ont amenée. Est-ce le mécontentement du siège, la colère de la foule, de l'armée contre les chefs incapables ou injustes ? Je ne sais !

J'ai beau me débattre contre mes réflexions, j'en arrive à penser à la Saint-Barthélemy, à la première Révolution et à celles de 1830 et de 1848 dont les grandeurs ne cachent pas les scènes terribles de carnage bestial, de meurtres injustes. Je me figure la violence et l'effervescence des partis, les victimes innocentes, le sang répandu inutilement par fausse dénonciation, par atrocité, par la férocité de l'entraînement. Que sera cette Commune ?...

Logiquement, j'ai une exécration pour les guerres civiles ; j'aime par-dessus toutes choses la justice, le droit, l'humanité ; mon cœur se révolte au moindre excès d'autorité. Ignorant de la vie, le cerveau fraîchement imprégné des idées du beau et du bien appris dans les livres, je ressens de la pitié pour les humbles résignés, je ne puis concevoir un pareil carnage.

J'examine les autres soldats et je devine en eux la même expression d'inquiétude, de crainte, le même souci de la vie. Et nous nous croyions sauvés parce que les balles prussiennes nous avaient épargnés ! On était heureux, surpris d'avoir échappé à pareille pluie de mitraille, et il fallait se risquer encore !

Comme leurs regards, perdus dans la vague rêverie, enfoncés dans de vieux souvenirs, semblaient tristes et doux !

Nous arrivons à Cambrai ; la ville est pleine de soldats de tous les régiments. Il règne une grande activité, une grande agitation dans la formation hâtive des régiments à envoyer sur Paris. Ce travail est laborieux, souvent sans précaution, sans réflexion. On organise difficilement, dans un véritable désordre qui rappelle l'incurie de 1870. Comme les Prussiens riraient de notre incapacité, de notre manque de méthode, de prévision! Enfin, les compagnies se forment, sont habillées, armées, équipées, tout cela *grosso modo* en attendant une organisation plus complète qui viendra plus tard si c'est possible.

Les régiments ainsi composés ont un croissant au-dessus de leur numéro et s'appellent des régiments provisoires.

Certain maintenant de rester une quinzaine de jours à Cambrai, je m'empressai d'écrire à ma mère, de lui envoyer la petite caisse offerte par M. Schrœder. Pour ne pas l'effrayer, je lui dis qu'on allait nous diriger sur Versailles pour le cas où les affaires de la Commune nécessiteraient notre concours. Et je n'oubliai pas d'ajouter que cela était fort douteux car on espérait une vigoureuse attaque, une fin prochaine des événements. D'ailleurs j'aurais soin de la tenir au courant de ma situation, de ma santé.

Je profitai de cette correspondance pour écrire aussi à la famille Schrœder à laquelle j'annonçai mon triste départ prochain pour Paris. Je renouvelai mes sentiments affectueux et reconnaissants pour leur franche cordialité, tout en pensant au chagrin de la charmante Lisbeth.

Comme j'eusse préféré maintenant séjourner plus longtemps en Prusse! J'aurais esquivé cette guerre civile si j'avais fait partie d'un de ces détachements qui restèrent en captivité jusqu'en juillet et août.

Les soldats s'ennuyaient dans les chambrées. (Page 206.)

La réponse de ma mère ne tarda pas de m'arriver, mais si pénible, si désespérante que je cherchai immédiatement à me faire libérer du service militaire en ma qualité de fils unique de veuve. Démarches pressantes et vaines, malgré les preuves de l'état maladif continuel de ma mère. On objecta mille raisons, toutes sortes de difficultés pour ne pas tenter ce congé anticipé dans un moment où la réorganisation de l'armée était incomplète. Le temps exigé par la filière hiérarchique conduirait loin; d'ici là, les opérations contre les fédérés seraient terminées!

Mon insistance fut inutile, il fallut céder. Et je rassurai encore ma chère mère en inventant une situation meilleure et l'espoir de venir auprès d'elle pendant un mois dès que l'insurrection serait finie. Mais le doute était dans mon cœur.

Cambrai regorgeait de soldats arrivant toujours, augmentant le désordre existant. Il fallait se presser, expédier sur Versailles au fur et à mesure des formations. Le quartier était fréquemment consigné par la crainte des défections, du contact avec certaine population, de la lecture des journaux. Les sous-officiers comptables avaient une grande somme de travail ingrat, décourageant. C'était un véritable esclavage tandis que les autres ainsi que les soldats s'ennuyaient dans les chambrées, en leur inactivité, en leur désœuvrement forcé.

Dans les conversations d'officiers, dans les ordres

du jour, je devinais le parti pris, l'hostilité des bonapartistes contre la capitale, contre ce peuple de Paris :

« Hâbleur, fomenteur d'émeutes, de révolutions ! »

Je ne connaissais pas Paris, et j'allais y arriver les armes à la main ! Et j'entendais des Parisiens qui regrettaient amèrement d'y entrer à contre-cœur. C'étaient de bons soldats cependant, qui avaient été braves contre les Allemands, qui s'étaient même distingués, mais qui avaient peur aujourd'hui de tirer sur un parent, un ami ! Que d'innocents, de curieux pouvaient se trouver compromis, arrêtés ou fusillés. C'est si facile quand la force rend maître de la vie d'un homme.

Leurs raisons m'attristaient davantage ; je m'efforçais de réagir contre cette inquiétude et je retombais sans cesse dans le même abattement, dans le même désespoir. L'enseignement des champs de bataille avait arrêté en moi la douce insouciance de jeunesse, l'espoir des illusions. Je doutais même de la résurrection de la patrie ; il me semblait que je quittais l'Eden de mon enfance pour entrer dans la sombre vallée des larmes. Et je lisais aussi sur les autres figures l'influence de nos désastres sur le caractère, sur la façon de penser, d'agir. Nous sortions de notre humiliation le cerveau affecté comme après une grave maladie ; nous subissions les conséquences pernicieuses d'un pareil état.

La Commune vint augmenter encore cette faiblesse de l'esprit, résultante des grandes catastrophes, des bouleversements sociaux. Nos efforts restaient impuissants à rétablir l'équilibre : tout ce qui nous entourait, les êtres et les choses, épandait la tristesse, rappelait un souvenir, un drame de la guerre néfaste.

Fin avril, l'ordre du départ arriva : le régiment devait se rendre au camp de Satory, à Versailles.

On quitta Cambrai sans entrain, sans cette légèreté d'esprit et de corps de juillet 1870. C'étaient le calme, le silence plutôt que l'élan, l'enthousiasme d'autrefois. Forcé d'obéir sous peine d'être fusillé, on marchait sombre et docile, et je me demandais ce qu'il adviendrait de la France après qu'on aurait sacrifié la vie de quelques milliers d'hommes!

Quelle horreur que la solution des problèmes sociaux ne puisse encore s'obtenir sans l'appui des armes, sans la terreur des massacres! Quand donc viendra, sans cataclysme, l'égalité sociale, le bonheur de tous par tous? Qui préparera l'avenir sans forfait, la paix perpétuelle, cette nourrice des jeunes gens, comme dit pittoresquement Hésiode?...

En attendant nous sommes délégués pour rétablir l'*ordre*. Et je songe à l'immense dépopulation de ce siècle faucheur d'hommes, anéantisseur effroyable de génies non formés, lequel a barré la route aux idées, à l'art, aux transformations humaines!

Partout, dans la campagne fleurie, le printemps éclate avec force malgré les contrariétés de la guerre. La nature reprend ses droits sur la terre ravagée ou négligée. Et je suis tout ému en pensant que ma vingtième année va éclore parmi les éclaboussures de sang en ce mois de mai chanté par la poésie comme le renouveau de la terre et de l'amour.

FIN

TABLE DES MATIÈRES

	Pages
Chapitre I — La Ferme de Moscou.	1
Chapitre II — En route pour la Prusse.	37
Chapitre III — L'Entrée à Berlin.	61
Chapitre IV — La Forteresse.	71
Chapitre V — Le Renégat.	85
Chapitre VI — L'Évasion.	95
Chapitre VII — Demi-liberté.	115
Chapitre VIII — L'Enterrement.	131
Chapitre IX — Idylle.	139
Chapitre X — La Leçon de français.	151
Chapitre XI — Le Rapatriement.	181

PARIS
IMPRIMERIE DE VAUGIRARD
G. DE MALHERBE, DIR.
152, RUE DE VAUGIRARD, 152

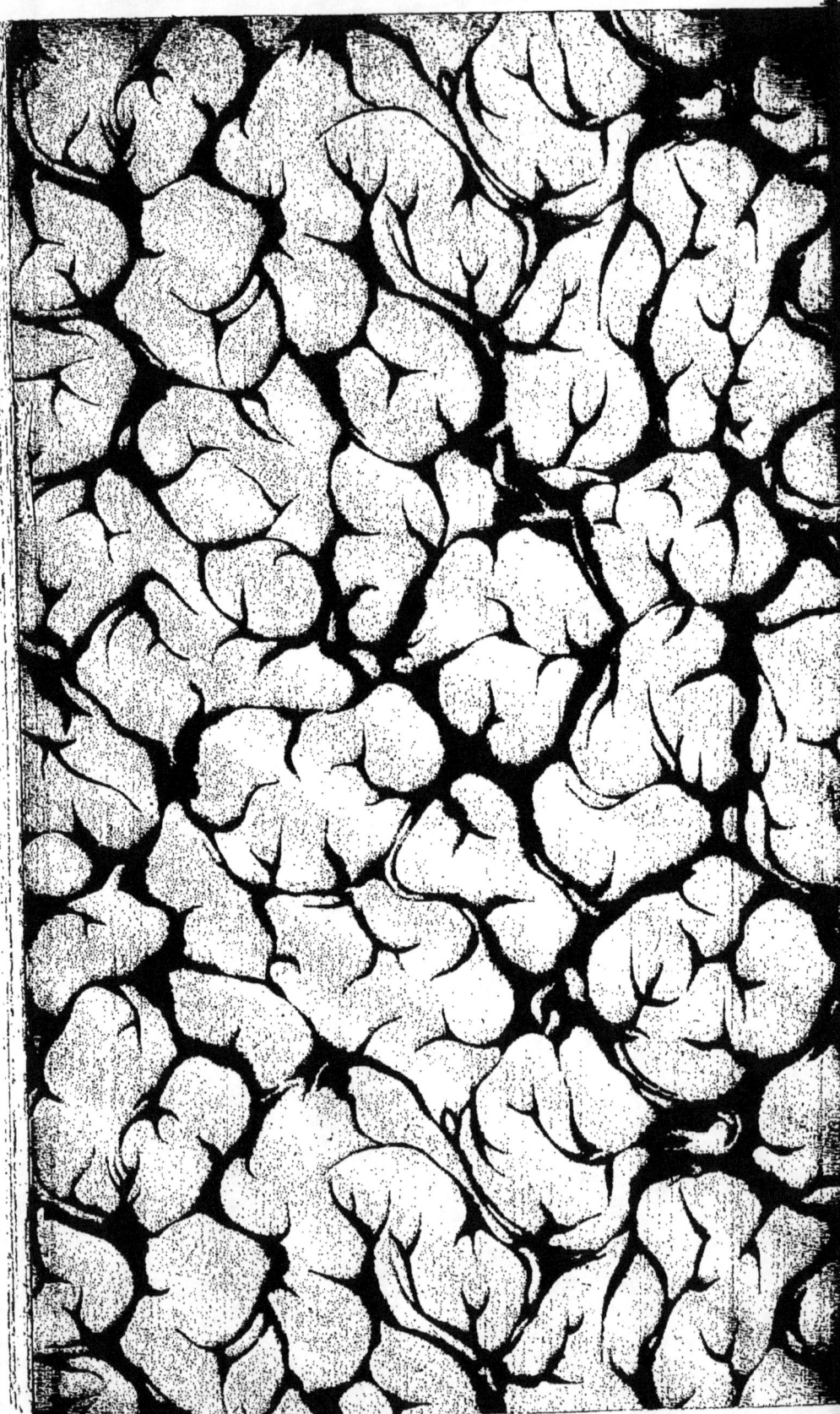

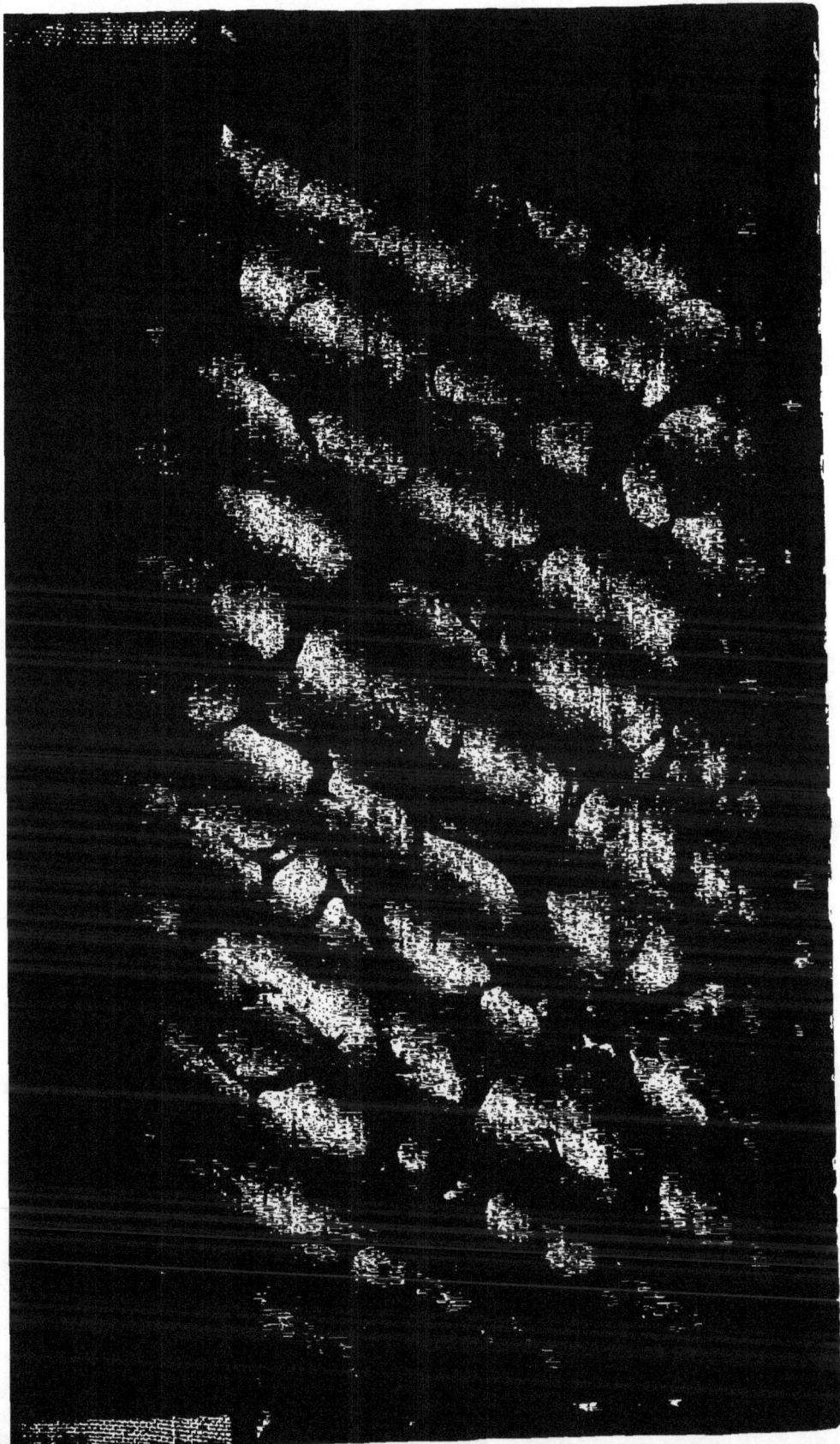

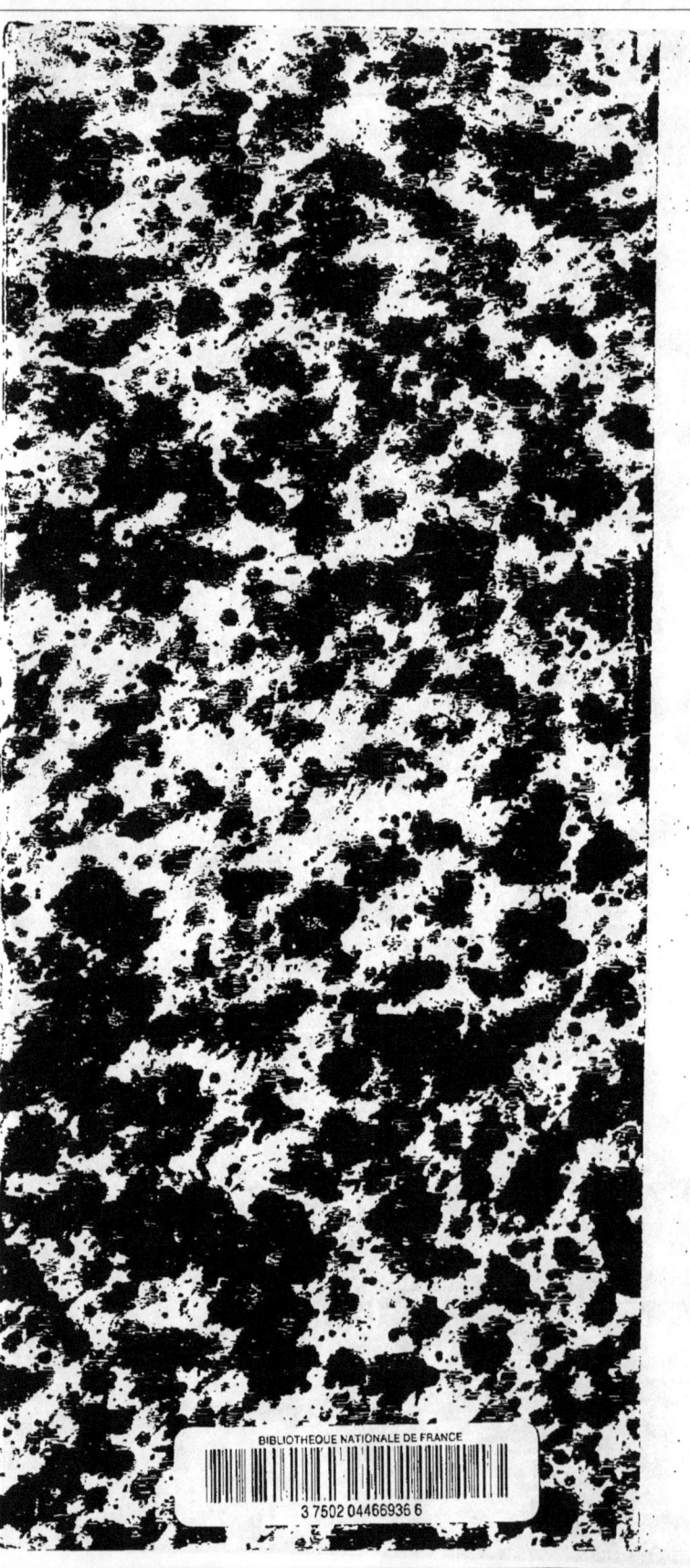

www.ingramcontent.com/pod-product-compliance
Lightning Source LLC
Chambersburg PA
CBHW071948160426
43198CB00011B/1594